우리는 늘 바라는 대로 이루고 있다

– 선지식의 크신 사랑 –

일러두기

저자의 밝은 스승, 백성욱 박사님(1897~1981)을 소개합니다. 지금부터 100여 년 전 선생님은 한국 최초로 독일에서 철학박사를 취득하고 귀국하셨습니다. 이후 불교계에서 다양한 활동을 하시다가 1926년부터 금강산에서 10년 수행하셨습니다. 당시 '금강산 도인', '당대의 선지식', '불세출의 도인'이 그분의 호칭이었다고 합니다.
1950년 내무부 장관을 하시고, 동국대학교 이사장과 총장(1953~1961)을 겸임하시며 종합대학교로 기틀을 다졌습니다. 이후 경기도 소사(지금의 부천)에서 '백성목장'을 하시며 인연 있는 후학을 지도하셨습니다.

우리는 늘 바라는 대로 이루고 있다

선지식의 크신 사랑

글
김원수

바른법연구원

머리말

○

　부처님께서 가장 밝으실 때 설하셨다는 금강경, 부처님 마음이 담겼다는 금강경. 이러한 금강경 공부를 시작한 지 어느덧 50여 년이 되었습니다. 금강경을 오랜 세월 읽었다면 누구나 부처님 마음을 조금이나마 닮게 될 것입니다.

　나 역시 금강경 공부를 통하여 확실히 변하였습니다. 모든 사람을 부처님처럼 보는 부처님의 마음을 닮게 된 것입니다. 사람들의 단점만을 잘 발견하던 나는 장점을 더 많이 보게 되었습니다. 화 잘 내는 기질은 남을 이해하며 감싸 안는 기질로, 받는 것만 좋아하는 성품은 주는 것을 더 좋아하는 성품으로 변한 것입니다.
　나는 못된 사람이 변하여 착한 사람이 될 수 있다는 것을 믿지 않았습니다. 나쁜 사람이 착하게 바뀐 경우를 주위에서 보지 못하였기 때문입니다. 생명과학자들은 이 시대를 게놈 혁명시대라고 말합니다. 생명과학자들은 사람이 태어날 때 가져온 DNA 유전자를 분석하면 그 사람의 식성, 재주, 병적 소질 등을 발견할 수 있다고 말합니다. 이는 사람의 사주팔자가 태어날 때부터 이미 개인의 유전자(게놈) 속에 간직된 채 태어난다는 뜻이고, 세 살 버릇 여든까지 변치 않는다는 속담과도 같은 내용입니다.

나 역시 태어날 때부터 운명은 정해져 있고, 나쁜 사람은 좀처럼 착하게 변하지 않는다고 믿었습니다. 그럼에도 나는 변했습니다. 전해 내려오는 속담을 거스르고, 현대생명과학의 이론을 뒤집는 기적을 이룬 것입니다.

어떻게 이런 기적을 이루게 되었을까요?

아마도 이런 기적의 주역은 백성욱 박사라는 걸출한 선지식과의 만남, 그리고 그분의 정성 어린 지도 덕분이라 하겠습니다. 이는 나의 일생에 가장 큰 행운이요, 복이었습니다.

혜능대사는 육조단경에서 "만약 스스로 깨닫지 못하거든 마땅히 선지식을 찾아서 바른길을 지시받도록 할 것이니라. 선지식은 중생을 교화하여 견성하게 하나니 모든 좋은 법은 선지식으로부터 능히 발기發起되기 때문이니라."라고 하셨습니다.

선지식에 대한 확실한 믿음과 선지식의 지혜로운 수기설법으로 도저히 불가능할 것 같은 위대한 기적을 창조할 수 있었습니다.

선지식은 어떤 분이시기에 지중한 중생의 업장을 밝은 불심으로 바꿀 수 있을까요?

간화선 수행자들은 간화선이 수행의 으뜸이요 밝아지는 첩경이라 합니다. 위빠사나 수행자 역시 위빠사나 선 수행이야말로 이 시대에 맞는 가장 좋은 수행법이라고 합니다. 기타 염불 수행, 티베트 밀교 수행 등 수행자들은, 자신의 체험을 바탕으로 그들의 가르침이 최고의 가르침이라 할 것입니다.

나는 부처님께서 말씀하시는 모든 수행법은, 정正과 사邪, 우優와 열劣, 속速과 지遲가 있다고 보지 않습니다. 같은 물을 먹어도 소가 먹으면 우유가 되고 뱀이 먹으면 독이 되듯이, 누가 가르치느냐에 따라 정과 사, 우와 열, 속과 지로 나누어진다고 봅니다.

선지식이 가르치는 간화선은 정법이요, 깨닫지 못한 사람의 간화선은 사법입니다. 선지식이 가르치는 위빠사나는 정正이요 깨치지 못한 사람이 가르치는 위빠사나는 사邪인 것입니다.

과연 선지식은 어떤 분이실까요?

청산은 나를 보고 말없이 살라 하고
창공은 나를 보고 티 없이 살라 하네
사랑도 벗어 놓고 미움도 벗어 놓고
물같이 바람같이 살다가 가라 하네

청산은 나를 보고 말없이 살라 하고
창공은 나를 보고 티 없이 살라 하네

성냄도 벗어 놓고 탐욕도 벗어 놓고
물같이 바람같이 살다가 가라 하네

고려시대 큰 도인이신 나옹선사의 시

선지식은 마치 이 시와 같아서 특징이나 정체성을 찾을 수 없지만 티 내지 않으시는 수기설법을 통하여 탐진치를 계정혜로, 진리의 삿邪된 해석을 정正의 해석으로, 생사의 괴로움을 열반의 즐거움으로 바꾸어 주시는 분이라고 생각합니다.

나는 출가 생활에서 실감하며 배운 선지식의 가르침을 사회생활에 접목接木하면서, 비로소 원효스님의 종종심생種種心生 종종법생種種法生 종종심멸種種心滅 종종법멸種種法滅, 마음이 일어날 때 현실이 발생하고 마음이 사라지면 현실 역시 사라진다는 일체유심조一切唯心造의 진리를 확실히 깨닫게 되었습니다.
미워하는 대상이 있다 하여도 미운 상대는 그가 아닌 자신의 마음임을 알게 되었고, 또 자신의 마음이란 것 역시 착각이요 실은 없는 것이라는 공空의 진리도 동시에 깨치게 되었습니다.
이 일체유심조와 공의 진리를 통하여 비로소 주는 것이 곧 받는 것이라는 진리를 실감함은 물론, 고난은 곧 축복이요 생사가 곧 열반이라는 선사의 말씀을 이론이 아닌 현실로 실감하였습니다. 이에 생애 처음으로 무한한 행복감을 맛보았고, 선지식의 은혜에 뼈저리게 감사하였습니다.

선지식의 가르침은 개인에게는 '구원의 빛'이 되며, 불교사적으로는 '금강경을 통한 새로운 패러다임의 불법'이 되어 불교사에 획기적 장을 여는 쾌거를 이루리라 생각합니다.

선지식의 새로운 패러다임의 불법은 중세 유럽의 종교개혁의 선구자 마틴 루터를 연상케 하였으며, 획기적인 점에서는 르네상스의 선구자 코페르니쿠스를 연상하게 하였습니다. 선지식의 가르침은 제2의 종교개혁, 제2의 르네상스를 이끌어낼 수 있으므로 불교를 비롯한 종교계의 경종이 됨은 물론, 사람 속에 내재된 무한한 신성神性을 개발하여 수많은 인재를 양성하는 등 인류의 문화 발전에 크게 기여할 것입니다.

종교적 경종이요, 문화 발전의 근거인 선지식의 가르침을 담은 이 책의 내용은 다음 다섯 가지로 요약할 수 있습니다.

하나, 사람들의 갈등과 분쟁의 주요 원인 중 하나는 자신의 철학과 상대의 철학이 다르다고 주장하는 아상我相에서 비롯된다고 하겠습니다. 한국의 양대 종교, 특히 불교와 그리스도교의 갈등은 대인관계나 사회생활에서 분쟁의 요소가 됩니다.

선지식께서는 아상을 소멸한 사람은 자신의 종교를 상대의 종교와 둘이 아니게 여길 수 있으므로 여타 종교인과 어깨동무를 하며 모두 함께 행복의 길로 나아갈 수 있다고 가르쳐 주시었습니다.

둘, 사람들은 항상 인성교육 문제는 먹고사는 문제와 함께 할 수 없는 것으로 알았습니다. 즉, 먹고사는 일에 전념하면 도덕적인 삶을 살 수 없고, 반대로 도덕적으로 살면 먹고사는 일은 소홀히 하게 된다고 생각하였습니다.

선지식께서는 진정한 도덕적인 삶은 먹고사는 문제 해결과 다르지 않음을 가르쳐 주시고, 원활한 인성교육의 가능성을 제시하셨습니다.

셋, '아니 된다. 못한다'라는 사람들의 분별심이 착각이요 본래 없음을 밝힘으로써 사람 마음에 내재된 무한한 지혜와 능력을 개발할 수 있다고 보았고, 학교 교육이 아닌 전문적인 수행으로 건강한 사회인을 양성할 수 있음을 제시하셨습니다.

넷, 실패와 성공의 원인을 밝힘으로써, 역경에 맞닥뜨렸을 때 또는 인생의 내리막길에 처하였을 때 다시 향상 발전하는 길을 제시하시어, 항상 낙관적이며 행복하게 살 수 있음을 알려 주셨습니다.

다섯, 4차 산업혁명 시대, 인간 역할 부재 시대의 대안을 제시하셨고, 인간의 무한한 지혜와 능력은 4차 산업혁명 시대에 걸맞은 고급 정신문화를 다량 생산하여 제2의 르네상스를 이룰 수 있음을 제시하셨습니다.

되돌아볼수록 참 어리석고도 못난 나를 변화하게 해 주시고, 고난의 세계에서 행복의 세계로, 암흑의 세계에서 광명의 세계로 이끌어 주신 선지식의 은혜는 너무도 큽니다. 그래서 처음에는 책의 제목을 『구원의 빛, 선지식의 크신 사랑』으로 정하고 불자들만이라도 꼭 읽어 모든 고난에서 벗어나 행복한 삶을 살기를 기원하였습니다.

그런데 책의 내용을 검토해 본 결과, 비단 불자들만이 아니라 타 종교인이나 모든 사람이 다 읽어도 좋은 책인 것 같아 『우리는 늘 바라는 대로 이루고 있다』로 책의 제목을 바꾸었습니다.

이 제목에는 우리는 시시각각으로 소원을 성취하는 위대한 존재, 부처님과 같은 존재라는 책의 핵심 내용이 담겨 있으며 또 모든 사람이 좋아할 만한 희망의 뜻이 담겨 있습니다.

2018년 5월 김원수 합장배례

추천의 글
○
선지식의 크신 사랑을 읽고

· 무애스님 ·
해인사 승가대학장 / 조계종 교육 아사리

나는 『선지식의 크신 사랑』을 읽은 후 오랜만에 큰 선지식을 친견하는 듯했다. 가까이는 성철, 혜암, 일타, 법전, 서옹 등 당대 선의 종장들을 모시고 살아보았지만, 경전에 해박한 식견과 깊은 체험을 보여주시는 대강백의 참방은 비교적 드물었다.

이는 조계종이 선종이고, 근세 정화 이후 실제 조계종의 수행을 대표하는 선사들이 한국불교를 이끌었기 때문으로 본다. 물론 직지사 조실 관응 스님 같은 대강백은 계셨지만 워낙 저술을 남기시지 않아서 일반인들이 접하기는 조금 어려운 현실이었다.

다행히도 한국불교 소의경전인 「금강경」을 근세 한국불교에 뿌리를 내리게 한 당대 선지식으로 백성욱 박사님이 계신다. 그 사상을 낱낱이 재조명한 김원수 법사님의 숨은 노력은 가히 칭찬받아 마땅하다고 본다. 정법이 끊이지 않고 유통하는 것은 불교의 혜명을 잇는 일이다.

부처님의 정법을 선종은 가섭 존자가, 교종은 아난 존자가, 율은 우바리 존자가 이음으로써 아직도 부처님 정법이 이 세상에 온전히 유통되는 것이다. 이는 마치 집안에서 장손이 대대로 가업을 이어오는 세간의 풍습과 비슷한 면이 있다.

이 책의 특징이라면 자신의 생각이나 사상을 설명하는 것이 아니고, 오직 현재의 자신으로 완성하게 된 과정이 온전히 선지식의 지도에 의한 것임을 처음부터 끝까지 강조하고 있다. 이는 공자님이 유가의 경전을 스스로 저술하기보다는 옛 선인들의 사상을 평석하는 태도와 유사하다고 본다. 그래서 책의 편성에서도 추상적이고 사변적인 자기 논리를 펴는 것이 아니라, 선지식과의 만남을 통해 자신이 변화된 모습을 첫 장에서 서술하고 있다.

일반적으로 후학들이 빨리 성장할 수 있는 것은 오직 눈 밝은 스승의 지도 아래 수많은 시행착오를 거치지 않고 바로 목표에 이르기 때문이다. 스승의 중요성은 아무리 강조해도 지나치지 않다.

예를 들면 티베트의 밀라레파 같은 큰 성인도 처음 스승에게 입문하기 위하여 많은 어려운 관문을 통과한 후 수행자로 완성되었다. 또한 중국의 구정九鼎선사도 아홉 번이나 솥을 다시 거는 과정을 통해 제자가 되었다. 이러한 입문의 단련은 마치 쇠의 잡성분을 빼내기 위해서 오랜 담금질을 통해서 비로소 명품이 이루어지는 원리와 같다고 하겠다.

말이 쉽지 한 스승을 50년 모신다는 것은? 스승 생전에 15년, 열반 후 35년? 그것만으로도 이미 인간으로서의 덕성을 이루었다고 볼 수 있다. 하물며 김원수 법사님의 삶은 선지식의 한 마디 한 마디, 한 가지 행동까지 그대로 착오 없이 실수實修하는 평생의 수행 세월이었다.

이러한 과정을 통해 사제師弟 지간의 법이 이미 무르익어 완성되었다고 보아야 할 것이다. 김원수 법사님의 이번 저작이 다른 어떤 책보다 중요한 이유가 바로 여기에 있다고 본다. 마치 마조 문하의 대매 법상의 수행이 무르익은 것을 보고, 마조가 사람을 보내어 시험하고 "이미 제자 법상의 법이 완성되었다."고 인가한 것과 같다.

이제 구체적으로 저자가 어떻게 책 내용을 서술해 나갔는지 살펴보자.

첫 장에서 저자는 선지식의 중요성과 자신의 변화에 대해서 진솔하고 가감 없이 그대로 서술하였다. 그래서 자신의 사상이나 수행 체험의 근원이 백성욱 '선지식'(이하 선지식은 백성욱 박사)임을 밝히고 있다.

저자는 이 경전을 설하시게 된 설주說主이신 부처님에 대한 언급으로 둘째 장을 시작한다. 부처님은 불교의 교주이시자 불교의 근원이다. 그런데 평생 설하신 팔만 사천 경전의 내용을 한마디로 수기설법隨機說法으로 규정하고 있다. 이는 그때그때의 상황에 따라 상대가 처한 현실에 맞춰서 설법한 것을 말한다. 이와 같은 맥락에서 '선지식'도 때에 따라서 그에 맞는 설법을 하여 저자를 지도하셨다고 언급하고 있다.

또한 부처님의 정체성을 '실무유법實無有法'에서 찾고 있다. 일체의 현상은 실제가 아니고 자기 자신이 만들어 낸 환상이라서 실상이 아니다. 이는 「금강경」에서 가장 중요한 사구게 게송의 내용이다.

약견제상 비상 즉견여래若見諸相 非相 卽見如來, 만약 현상의 여러 모습을 모습이 아닌 것으로 보면 곧 여래를 보는 것이다. 이 대목을 저자는 「화엄경」의 일체유심조一切唯心造의 사상에 배대해서 설명하고 있다. 「화엄경」은 수많은 사상이 나타나 있는 경전인데 그 가운데 유식唯識 사상이 많이 내포되어 있다.

유식은 곧 밖의 모든 현상이 자신의 업식이 만들어 낸 환상이라서 실제로는 존재하지 않는다는 사상 즉, '유식무경唯識無境'이다. 모든 현상은 인연법에 의해서 저절로 이뤄졌다 없어지는 생멸을 보이는데 중생들은 그것을 자신의 업식으로 보아서 이 세상살이에 어려움을 느끼고 애환을 가지며 고뇌한다는 것이다.

셋째 장에서 저자는 이 경전의 핵심 사상을 일목요연하게 언급하고 있다. 육조 혜능대사의 오도의 인연과 '선지식'이 해석하는 「금강경」의 요지를 조목조목 설명한다. 이 대목만 제대로 정독한다면 독자들은 이 책의 내용을 십분 이해할 수 있을 것이다.

중생들은 자신이 생각해내는 업식에 의해서 세상을 자기중심으로 보는데, 이런 분별에서 벗어나기 위해서는 올라오는 생각을 바로 부처님에게 바치라는 것이다.

업으로 온 중생 몸인 태胎·란卵·습濕·화化 사생의 형태로 나타난 모든 것은 바로 자신의 분별 망상의 결과인 것이다. 그런 분별과 집착을 바로 부처님에게 바침으로써 '나'라는 아상을 없애고 모든 중생에게 공덕을 회향하는 중생제도가 이뤄지는 것이다(我皆令入 無餘涅槃~實無衆生 得滅度者).

이에 이어서 실제 현실에서 「금강경」의 응용을 자상하게 설명하고 있다.

넷째 장에서 저자는 정법과 사법의 구분을 제대로 명시하면서 「금강경」 제3분~제5분의 내용을 압축적으로 담아내고 있다. 제3분에서는 '모든 중생을 제도하여 열반에 들게 하되 제도하지 않았다'는 내용을 말한다. 이어 제4분에서는 '응당 머무는 바 없이 마음을 내라는 것'으로 이타행利他行을 설명하고 있다. 끝으로 제5분에서는 '일체의 현상이 상이 아님을 알게 되면 곧 여래를 보는 것'이라며 형상에 집착하지 말 것을 권고하고 있다.

다섯째 장에서 저자는 부처님의 지혜를 설명하는데 「금강경」 제13분의 내용을 중심으로 언급하고 있다. 초기불교에서는 지혜를 문혜聞慧·사혜思慧·수혜修慧 세 가지로 설명하는데 이를 들어서 금강경에서 말하는 공의 지혜를 수혜, 반야의 지혜라고 중점을 두어 언급하고 있다. 쉽게 말해, 어려운 문제를 해결할 수 있는 능력을 지혜라고 본다. 그 지혜의 중심이란 세상 모든 현상이 실제가 아님을 아는 것이다. 그래서 지금 설하는 「금강경」도 집착하지 말고 그 이름으로만 봉대하라는 것이다.

여섯째 장~열째 장에서 저자는 실제로 우리가 살아가는 현실에서 「금강경」이 주는 주요한 메시지를 하나하나 실례를 들어서 설명하고 있다.

예를 들면 '기복불교', '빈곤한 삶', '무능의 문제', '무지의 문제' 등 우리 중생이 세상살이에서 부딪치는 중요한 일들을 하나하나 거론하면서 「금강경」의 반야 지혜를 통해 문제를 해결할 수 있다고 설명하고 있다.

특히 한국을 선진국으로 도약시키는 근본적인 자량資糧인 인재 교육에 대한 깊은 관심을 나타내고 있다. 현행 교육은 데이터에 의한 분석, 정리, 종합이지 통찰의 지혜가 아닌 만큼 반야의 지혜를 통해서만 초월적인 인성을 이룰 수 있다고 본다. 이것이 제4차 산업혁명 인공지능 시대에 우리나라가 선진국으로 발돋움할 수 있는 동량이 될 수 있다고 강조한다.

이상과 같이 간단히 책에 대해서 일람해 보았다. 너무 자세하게 미주알고주알 설명하는 것은 저자에 대한 태도도 아닐뿐더러 독자들에게는 소위 말하는 스포일(spoil-영화나 문학의 내용을 미리 알려 재미나 박진감을 없애게 하는 일종의 '김 빼기' 현상)이 될 수도 있겠다.

— 해인사 적묵당에서 무애(無碍) 씀.

추천의 글

○

밝은 마음으로 실천하는 금강경 수행

• 서정선 •
서울대학교 분당병원 석좌교수 / 한국바이오협회장 / (주) 마크로젠 회장

우주는 아는 것(known), 모르는 것(Unknown), 그리고 알 수 없는 것(Unknowable)으로 되어 있다고 한다. 지난 300년 과학왕국은 제도권 속에서 '모르는 것'에 도전하여 '아는 것'을 무섭게 늘려 왔다.

그러나 몇천 년 동안 인류에게 '알 수 없는 것'은 비제도권 하에서 계속 탐구는 해 왔으되 성과는 크지 않았다. 불교의 핵심인 공空 사상도 후자에 속할 것이다. 제도권의 과학에서처럼 언어의 영역을 확대하거나 정보를 늘려봐도(아상我相과 분별심을 높여도) 공은 이해불가능 영역에 있다. 공을 제대로 설명하려면 아마도 차원을 올려야 가능할 것이다.

그리고 이 부분에서 아상을 강화시켜 모르는 것을 알아내는 방법을 주로 사용한 제도권의 교육에 익숙한 사람들은 상당한 혼란을 겪게 될 것이다. 제도권에서 과학을 하던 나에게도 쉽게 읽히지 않았던, 항상 무겁게 생각되던 고전 책들이 있다.

특히 그중에서도 주역, 도덕경, 그리고 금강경 등 세 권의 책은 퇴임하면 세밀히 읽어보고 어느 정도 이해하고 싶다고 생각하고 있었다. 무거운 내용이라 글을 쓴 사람의 경지까지는 못 간다 해도 그래도 이해하려는 노력은 해 보고 포기를 해야 미련이 없을 터였다. 그래서 죽기 전에 내가 해야 할 버킷 리스트에 세 권의 고전을 넣은 것이 60세 즈음이었던 것 같다. 이런 이유로 2014년경 별생각 없이 서점에서 금강경 관련 서적을 10여 권 구입하였다. 이때 처음으로 김원수 교수님의 『마음을 어디로 향하고 있는가』(김영사 간)를 보게 되었다.

우선 금강경을 독송하기로 하였다. 한자로 독송하는 것은 생각보다 그렇게 어렵지는 않았고, 약 5,300자를 무조건 외우는 식으로 시작하였다. 반야심경을 10년 정도 독송하다가 전체를 아무 생각 없이 외우게 된 경험이 있어 처음부터 외우는 방식을 택하게 되었다.

첫 6개월 동안은 개념적 혼란으로 여러 번 중단하고 싶은 생각도 들었지만, 김원수 교수님의 책에서 백 박사님께서 하신 "100일을 주기로 10번 정도 행하면 알아지는 바가 있을 것이다."라는 말씀을 믿으면서 될 수 있으면 매일 1회 이상 독송하였다. 한편으로는 김원수 교수님의 책들을 매일 1~2쪽이라도 같이 읽었다.

금강경을 독송한 지 4년여의 시간이 흐른 지금 나는 모든 생각을 부처님께 바치라는 백 박사님의 실행방식을 이해하고 조금씩 실행하려 하고 있다. 그리고 김원수 교수님의 "선지식의 도움 없이 깨닫는 일은 불가능하다."는 말씀도 믿게 되었다.

이 책은 무엇인가 구하려는 마음을 조금이라도 갖고 있는 사람에게, 모든 실행법과 차원을 높인 해결 등 어디에서 구할 수 없는 생각을 전해주고 있다. 결국 공空 사상에 익숙하게 되어 큰 깨달음을 이루게 할 것이다.

또한 나는 『우리는 늘 바라는 대로 이루고 있다』 책을 읽으면서 김원수 교수님께 선지식으로서의 사랑을 느낀다. 김원수 교수님이 제도권에서 교수로서 학자로서 금강경을 수행하시고 백 박사님의 가르침을 실행하시면서 자신을 직접 예로 들어 설명하시는 모습에서, 왜 아상이 문제가 되는가? 또 일체유심조를 실제 현실에서 느낀 사례들을 통해 얼마나 정확히 이해하게 되는지? 왜 이생기심을 하되 응무소주로서 해야 하는가? 결국 여시관如是觀을 하면서 범소유상의 허망함을 뚫고 나가야 하는지를 알게 해준다.

제도권의 사람들에게 어떻게 혼란을 최소로 하면서 금강경을 이해시켜야 할지는 시간이 필요할 수도 있지만, 복잡한 사회에서 밝은 마음으로 실천적으로 이생기심할 수 있는 길을 밝히는 데에는 『우리는 늘 바라는 대로 이루고 있다』 책만으로 충분하다.

동시대인으로서 김원수 교수님을 선지식으로 모시고 백 박사님의 금강경의 큰 실행법을 제대로 이해하고 나아가서 부처님의 간곡하신 실무유법의 공空 사상을 깨달을 수 있다면, 이는 우리 짧은 인생에서 눈물겹도록 고마운 일이 아닐 수 없다.

차례

○

- 일러두기 … 2
- 머리말 … 4
- 추천의 글 … 11

제1부. 어둠의 세계에서 밝음의 세계로

1장_ 선지식의 크신 사랑 … 27

선지식을 만나고 새로운 불자로 거듭나다 … 28
선지식을 만나기 전 내 모습 … 35
선지식을 만난 후 나의 변화 … 38
출가수행 후 나의 변화 … 45
마지막 시련 … 53

2장_ 부처님의 정체성 … 61

부처님의 정체성 … 62
금강경에 나타난 부처님의 정체성 … 67
일체유심조一切唯心造의 진리 … 69
공空의 진리 … 78

불이不二와 구족具足의 진리 ··· 83
수기설법 ··· 87
보살의 법식 ··· 92

3장_ 밝은이가 해석하는 금강경 ··· 95

혜능대사도 예찬한 금강경 독송 ··· 96
선지식이 해설하는 금강경 3분 ··· 99
금강경 3분 현실에의 응용 ··· 107
선지식의 점검 ··· 111

제2부. 종교의 참뜻

4장_ 정법正法과 사법邪法 ··· 121

정법이란 무엇인가? ··· 122
금강경에 나타난 정법 ··· 130
정법은 형상이 정해져 있지 않다 ··· 140
정법의 특징 ··· 145

- 부처님은 ··· 146

5장_ 금강반야의 세계 ··· 149

불가에서 말하는 세 가지 지혜와 금강반야 ··· 153
금강경 교육은 최상의 교육 ··· 159
금강반야를 얻은 보살은 불교에 집착하지 않는다 ··· 164
불교와 유교, 불교와 기독교는 다른 가르침이 아니다 ··· 168

6장_ 우리는 늘 바라는 대로 이루고 있다 ··· 175

기복불교가 정말 문제인가? ··· 176
선지식이 말씀하시는 불교 ··· 181
시시각각 소원성취 ··· 187
세 가지 소원을 이루다 ··· 191

• 무슨 생각이든지 부처님께 바쳐라 ··· 196

제3부. 새로운 패러다임의 종교로 제2의 르네상스를 이룰 수 있다

7장_ 인생의 내리막에 어떻게 대처할 것인가 ··· 201

성공의 로드맵 ··· 202
새옹지마塞翁之馬와 금강경 16분 ··· 208
잠재의식과 성공의 로드맵 ··· 213

인생의 영고성쇠도 자신의 생각대로 ⋯ 218
고난이 곧 축복, 번뇌가 곧 보리 ⋯ 226

8장_ 금강경의 현실 적용(1) – 빈곤에서 풍요로 ⋯ 231

부처님과의 만남으로 가난한 사람도 부자가 될 수 있다 ⋯ 233
어떻게 가난의 굴레에서 벗어날 수 있을까 ⋯ 238
올바른 수도는 먹고사는 일을 해결한다 ⋯ 242
보시바라밀의 참뜻 ⋯ 251

9장_ 금강경의 현실 적용(2) – 인재 양성 ⋯ 259

금강경 공부로 CEO 교육이 가능하다 ⋯ 260
탐진치를 닦아 능력자가 되다 ⋯ 264
꿈을 통해서 지혜로워지다 ⋯ 273
내 안에 무한한 지혜가 있다 ⋯ 278

10장_ 금강경의 현실 적용(3) – 교육 ⋯ 289

금강경 공부로 인재를 만들다 ⋯ 290
금강경식 교육의 우수성 ⋯ 297

• 금강경 공부의 필요성과 실용성을 절감하며 ⋯ 300

#01

어둠의 세계에서
밝음의 세계로

1장

선지식의 크신 사랑

선지식을 만나고 새로운 불자로 거듭나다

"나를 밝게 해주는 분이 있다면 그 사람이 곧 나의 부처님이시다."

어느 날 선지식[1]께서 하신 이 말씀은 선지식의 정체성을 잘 나타내고 있습니다. 우리가 상상할 수 있는 어떤 부처님도 참 부처님이 아니요, 마음 밖의 부처님은 참 부처님이 아니니 찾지 말라는 말씀입니다.

수도하여 번뇌망상이 사라지며 아상[2]이 소멸될 때, 다시 말하면 아상이 본래 없음을 깨닫게 될 때 비로소 밝아지고 이때 우리는 '참나'인 부처님을 만날 수 있습니다. 아상이 본래 없음을 깨닫고 '참나'를 드러나게 하는 것은 자신의 노력만으로 되지 않으며

---

1 선지식善知識: 불교 수행자들의 큰 스승
2 아상我相: 나라는 관념·생각. 자아自我라는 관념·생각. 자의식. 남과 대립하는 나라는 관념·생각.

올바로 지도하시는 스승, 즉 깨달은 이의 호념護念[3] 부촉咐囑[4]이 반드시 동반되어야 합니다. 이렇게 호념부촉을 해주시는 분이 바로 구세관세음보살[5]이며 선지식이고 참 스승이라 할 것입니다. 이분이 바로 살아 계신 내 부처님이라는 뜻입니다.

일찍이 달마대사[6]께서 선지식을 만나기 전의 공부는 모두 헛것이라고 하셨습니다. 중생이 스스로 밝을 수 없고 구세보살의 원력을 통하여 구제되고 밝아지는 것처럼, 수도의 길에는 반드시 선지식이 있어야 한다는 말씀입니다.

그러나 달마대사의 말씀을 이해할 수 있는 혜안[7]이 없었던 학생 시절, 나는 스스로 불교 공부에 매우 소질 있는 사람이기에 스승 없이 혼자 공부해도 잘할 수 있다고 생각했습니다. 왜냐하면 이미 나는 매우 신심 좋은 사람, 경전 해석을 잘하는 사람, 불교 토론에서 두각을 나타내는 사람으로 인정받고 있다고 믿었기 때문입니다.

---

3 호념護念: 불보살이 선행善行을 닦는 중생을 늘 잊지 않고 보살펴 주는 일
4 부촉咐囑: 부탁하여 맡김. 밝아지게 하기 위하여 행동(중생교화)으로 나타나는 보살핌
5 구세관세음보살觀世音菩薩: 대승불교의 대표적인 보살로서 대자대비大慈大悲의 정신으로 중생을 구제할 것을 근본 서원으로 하는 보살. 관세음자재·관자재·관세자재, 줄여서 관음이라고 함. 별명은 구세보살·시무외자·연화수보살
6 달마대사: 중국 남북조시대 인도에서 건너와 중국 선종을 시작하신 스님
7 혜안慧眼: 지혜의 눈

이런 자만심으로 가득 찬 나에게도 숙세[8]에 어떤 선근[9]이 있었던 것 같습니다. 말로만 듣던 선지식을 만날 수 있었고, 출가하여 직접 모시고 오랫동안 함께 지냈습니다.

선지식을 모시고 수년간 금강경을 공부하면서 나의 생각이 얼마나 무지와 오만에 가득 차 있었던가를 새삼 깨닫게 되었습니다. 그리하여 달마대사의 말씀에 깊이 공감하고 실감하게 되었습니다.

선지식을 만나기 전의 공부는 다 헛것이라고 깨달았다는 것은 금강경 공부로 자신이 거듭나 뼛속까지 변하여 진정 새사람이 되었고, 선지식을 통하여 구원을 얻었다는 것입니다.

선지식을 만남으로 거듭 태어났다는 것은, 그전에는 자신이 꽤 알찬 존재라고 생각하였는데 선지식을 만나 공부한 뒤로는 자신이 참 어리석고 못난 존재임을 알게 되었다는 것입니다. 철없는 아이 마음이 어른스러워지고, 다른 사람의 단점만 찾아내던 나의 성격이 변하여 타인의 단점이 아예 보이지 않게 되었습니다.

얼핏 이런 변화는 너무나 평범하여 치열한 수도의 과정을 거치지 않아도 나이를 먹고 세월이 흐르면 누구나 경험하는 것이라고 생각하는 독자도 있을 것입니다. 선지식을 모시고 출가수행 생활

---

8 숙세宿世: 과거 또는 과거세 전생
9 선근善根: 선善한 결과를 받을 수 있는 일

4년, 그리고 그 후 금강경을 50년 넘게 공부하였다면 적어도 견성성불見性成佛하였노라 말할 정도로 변화하여야 거듭 태어났다 할 수 있지 않겠는가 할 수도 있습니다.

그러나 여기서 변화란 겉의 변화가 아닌 깊은 내면의 변화이며, 현재의식의 변화가 아닌 잠재의식까지의 변화입니다. 물론 겉의 변화도 쉽지는 않지만 깊은 내면으로부터의 진정한 변화는 몹시 어려우며, 운명을 바꾸는 기적적인 변화입니다.

수행을 통하여 거듭 태어났다는 것은 겉마음이 변화하는 것이 아닌 속마음까지 속속들이 변화함을 의미하는 것이요, 현재의식(6식[10])만의 변화가 아닌 잠재의식(7식, 8식[11])까지의 변화를 의미합니다.

나는 한때 지성至誠이면 감천感天이요, 노력 끝에 성공이라는 말을 믿고 하늘을 감동시킬 노력이면 천하의 어떤 것도 다 성취할 수 있다고 생각하였습니다. 그러나 수행하면서 자신이 완전히 바뀌는 것이 얼마나 어려운지 알게 되었고 자력의 한계를 절실히 실감하였습니다. 잠재의식까지 변화하는 것은 자신의 노력만으로는 도저히 될 수 없음을 확실히 깨달았습니다.

---

10 6식: 의식이 근본이 되어 안식·이식·비식·설식·신식의 전5식前五識을 통괄
11 7식 8식: 6식보다 더 심층의식. 제7 말나식末那識과 제8 아뢰야식阿賴耶識

사람이 아무리 다른 사람을 지극히 사랑한다 해도 겉으로 하는 사랑은 사람을 감동시키지 못합니다. 그러나 깊은 속마음에서 우러나는 사랑은 사람을 움직이고 감동시킵니다. 겉으로 아무리 큰소리쳐도 사람들은 두려워하지 않습니다. 그러나 속마음까지 확신을 가지고 큰소리를 치는 경우 많은 사람을 두렵게 합니다. 겉으로만 착하다면 사람들이 공경·공양하지 않지만, 속마음까지 착하면 일체세간一切世間 천인아수라天人阿修羅[12]가 감동하며 모두 공경하고 공양합니다.

사람이 아무리 나이를 많이 먹어도, 지식과 경험을 다양하게 쌓아도, 또 치열한 구도 행각을 해도 마음속까지의 변화, 잠재의식까지의 변화는 쉽지 않습니다. 깊은 속마음, 잠재의식의 변화는 반드시 부처님의 광명이 임하고 선지식의 호념부촉이 동반되어야 합니다.

수행하여 크게 깨치고 바로 부처가 된다는 말을 아는 불자는 적지 아니합니다. 그러나 수도자가 수행으로 거듭 태어났다고 하면 쉽게 이해하는 불자는 많지 않습니다. 일심으로 수행하여 한 달음에 부처가 되는 돈오돈수頓悟頓修[13]는 알지만, 수행하여 서서히 변화하고 드디어 거듭 태어남을 알기는 어려운 것입니다.

---

12 천인아수라: 천天, 인人, 아수라阿修羅는 중생이 자기가 지은 업에 의하여 생사를 반복하는 여섯 개의 세계인 육도설六道說에서 '지옥地獄, 아귀餓鬼, 축생畜生'의 삼악도三惡道를 빼고 난 삼선도三善道를 가리킨다.
13 돈오돈수頓悟頓修: '단박에 깨치고 단박에 닦는다'라는 뜻. 구경각究竟覺 즉, 궁극적이고 완전한 지혜를 얻어 더 이상 수행할 것이 없는 경지에 도달하는 것

수도하면서 비로소 거듭 태어났다는 것은 무슨 뜻일까요?

수도자가 지켜야 할 수행의 원칙과 지침을 성실히 실행하는 것은, 말하자면 계戒를 지키는 것입니다. 계를 성실히 지킨다면 혼란한 마음이 안정되고 수도의 괴로움은 수도의 즐거움으로 변하면서 조건 없는 환희심이 발생합니다. 무엇이 생겨서 기쁜 마음이 일어나는 것이 아니라, 이유 없이 아무 조건 없이 환희심이 생기는데, 이것이 삼매이며 정定이라 할 수 있습니다. 이는 색성향미촉법色聲香味觸法[14]에 주住하여 일어나는 것이 아니며, 응무소주應無所住[15]하여 일어나는 진정한 환희심입니다. 이러한 환희심을 체험할 때 올바른 지혜에 도달합니다.

즉 계를 지킴으로 정定이 생기고, 마음속의 분별심이 사라지며 깨달음에 도달하게 됩니다. 분별심이 사라진 곳에 등장하는 것이 깨달음이요, 곧 혜慧인 것입니다.

작은 분별심을 해탈하여 얻게 되는 작은 지혜로 작은 변화를 체험하고, 큰 분별심을 해탈하여 알게 되는 큰 지혜로는 큰 변화를 체험합니다. 이렇게 수행자가 체험하는 각종 삼매三昧는 정定이요, 환희심이라 할 수 있습니다.

그러나 자기가 의식하지도 못할 정도로 색성향미촉법에 조금

---

14 색성향미촉법色聲香味觸法: 물질色·소리聲·향기香·맛味·감촉觸·법法의 여섯 가지 외부적인 대상인 6경境
15 응무소주이생기심應無所住而生其心: 어느 것에도 마음이 머물지 않게 하여 마음을 일으키라는 뜻

머물러 있는 상태에서도 가끔 환희심이 발생할 수 있습니다. 초보 수행자는 이 환희심이 응무소주한 것인지 또는 색성향미촉법에 주住해서 일어난 것인지 알 수 없습니다. 따라서 이러한 환희심을 통하여 얻은 지혜가 가짜 지혜인지 참다운 지혜인지 알 수 없습니다.

어떤 것이 참된 정定, 참된 혜慧인지는 밝은 선지식만이 알 수 있고 올바르게 방향을 잡아줄 수 있습니다. 밝은 선지식과의 만남이 없는 수행으로는 진정한 변화가 거의 불가능합니다.

선지식을 만나기 전 내 모습

부끄럽지만 변하기 전의 내 모습을 먼저 말씀드리고자 합니다. 청소년 시절의 나는 감수성이 풍부한 소년으로, 정情도 많고 눈물도 많았습니다. 인상이 좋은 사람에게 쉽게 빠져들고, 괜찮다는 책에 푹 빠져들고, 그럴듯한 진리라면 깊이 빠져들었습니다. 책 내용에 심취하여 그것이 실제 존재하는 것처럼 생각하였고, 저자와 한마음이 되었고, 저자의 철학은 곧 나의 철학이 되었습니다. 그런데 과연 내가 좋아하는 책의 내용이란 것이 정말 존재하는 것일까? 내가 존경하는 저자의 철학이 실제로 존재하는 것일까? 깊이 빠져들면 들수록 저자의 철학은 반드시 존재한다고 믿게 되었습니다.

이러한 나의 성향은 좀 시원찮게 생각되는 사람이나 마음에 안 드는 책 혹은 진리나 이념 등은 강력히 배척하였습니다. 이렇게 무척 좋아하고 반대로 아주 싫어하는 마음은 또 다른 새로운 고정관념을 만들어 냅니다. 즉, 좋아하고 싫어하는 대상이 분명히 존재한다고 굳게 믿는 사고방식입니다.

그런 사고방식에서는 괴로움과 즐거움, 좋고 나쁨이 분명히 존재합니다. 아인슈타인의 질량 보존의 법칙, 에너지 보존 법칙을 굳게 믿었으며 하늘, 땅, 바다가 있다고 생각하는 것처럼 서쪽으로 십만억 불토를 지나 아미타불이 계시는 극락세계도 분명히 존재한다고 생각하였습니다.

말하자면 선사들이 말씀하시는 심외무법心外無法[16] 유식무경唯識無境[17]이 아닌, 심외유법心外有法[18]이요 심외유경心外有境[19]의 사고방식을 만든 것이었습니다. 조계사에 가서 참선하시는 스님들의 법문을 듣기도 하고 선가禪家에서 말하는 심외무법 등 불경 말씀에 공감하기도 하였지만, 그냥 한쪽 귀로 흘려버리곤 하였습니다. 물론 마음 안에 어떤 세계도 있지만, 마음 밖에 또 다른 부처님의 세계도 반드시 있다고 믿었습니다.

이처럼 청소년 시절의 나는 증애심憎愛心, 간택심揀擇心[20], 즉 사람과 사물에 집착하여 사랑과 미움으로 이름을 짓고 갈등하는

---

16 심외무법心外無法: 마음 밖에 모든 것은 존재하지 않는다
17 유식무경唯識無境: 분별로써 지어낸 대상은 객관적으로 실재하는 것이 아니라 오직 인식의 작용
18 심외유법心外有法: 심외무법의 반대
19 심외유경: 유식무경의 반대
20 간택심揀擇心: 여럿 중中에서 골라내고 선택함.
지도무난至道無難 유혐간택唯嫌揀擇 단막증애但莫憎愛 통연명백洞然明白. 지극한 도는 어렵지 않으나 오직 간택함을 꺼릴 뿐이다. 다만, 미워하고 좋아하는 마음만 없으면 툭 트여 명백하리라.

마음이 당연한 것으로 믿었습니다. 하지만 나는 이런 성격으로 인해 온갖 생각에 시달리고 갈등하여 마음이 늘 편안하지 않았습니다.

지금 생각하면 나의 증애심 간택심이 부처님을 만나게 한 원동력이었습니다. 이렇게 갈등하고 고민하는 마음은 대학에서 불교를 만나면서 불교에 깊이 빠져들게 하였습니다. 금강경을 읽으면서 '응무소주 이생기심應無所住 而生其心'이라는 구절에서 큰 충격을 받고 사흘 동안 황홀한 삼매에 들기도 하였고, 능엄경을 읽으면서도 깊이 빠져들며 심취하였습니다.

선지식을 만난 후 나의 변화

대학 시절 불교를 만나 심취하여 전공 공부는 제쳐두고 밝은 스승을 부지런히 찾아다녔습니다. 1966년 ROTC 장교로 군 복무 중이던 어느 날, 친구의 소개로 당시 동국대 총장직을 사임하시고 경기도 소사(부천)에 칩거하시던 백성욱[21] 박사를 만나게 되었습니다.

한국인 최초로 독일에서 철학박사를 취득한 천재. 전생을 훤히 꿰뚫어 보는 숙명통宿命通[22], 다른 사람의 마음도 훤히 다 아는 타심통他心通[23]을 통달하셨다는 도사. 이것이 백 박사님을 따라다니는 별칭이었습니다. 어떤 사람은 이분을 시대의 인물이요, 당대 대 선지식이라 말하기도 하였습니다.

---

21 백성욱白性郁: 1897~1981. 승려, 교육가, 정치가. 이 책의 선지식
22 숙명통宿命通: 육신통六神通의 하나. 나와 남의 전생을 아는 자유자재한 능력
23 타심통他心通: 육신통의 하나. 남의 마음속을 아는 자유자재한 능력

백 박사님을 처음 만나 법문을 들으며 완전히 압도당하고 말았습니다. 명불허전名不虛傳! 백 박사님 법문은 지금까지 듣던 큰스님의 법문과는 판이하게 달랐습니다. 법문을 들으며 육조단경의 구절이 생각났습니다.

혜능대사가 5조 홍인대사로부터 법을 받은 후 15년 동안 산속에 숨어 지내면서 온갖 고생을 다 하셨다. 혜능대사께서 말씀하셨다.

"하루는 생각하니, 때가 바로 마땅히 법을 펼 때라 더 숨어 있을 것이 아니므로 산에서 나와 광주 법성사에 이르렀다. 마침 인종법사가 열반경을 강의하는 중이었다.

그때 바람이 불어 깃발이 펄럭이는 것을 보고 한 중은 '바람이 움직인다.' 하고 다른 한 중은 '깃발이 움직인다.' 하며 의논이 끊이지 않았다. 이때 내가 나서서 말하기를 '바람이 움직이는 것도 아니며 깃발이 움직이는 것도 아니라, 당신의 마음이 움직인 것이오.' 하였더니 모여 있던 대중이 모두가 놀랐다.

이윽고 인종이 나를 상석으로 맞아 깊은 뜻을 묻고, 내 말을 듣고 환희 합장하여 말하기를 '제가 경을 강의하는 것은 마치 깨어진 기왓장 같고 인자仁者(혜능대사)의 논의는 진금眞金(황금)과 같습니다.' 하였다."[24]

---

24 『육조단경』, 광덕 역주, 불광출판사, pp.86~87

나는 백 박사님의 말씀을 처음 듣고 "당신의 법문은 황금과 같고."라고 한 인종법사의 말씀이 생각났습니다. 왜냐하면 모든 것은 마음이 만들었다고 하신 혜능대사처럼, 백 박사님 역시 "무엇이든 마음속에서 다 얻을 수 있다. 출세, 행복, 진리, 부귀영화, 모든 것이 마음속에 구족되어 있으니, 마음 밖에서 무엇을 찾아 헤매지 말라."는 일체유심조[25]의 진리를 말씀하셨기 때문입니다.

백 박사님 법문은 황금과 같이 귀하게 여겨졌습니다. 일체유심조 진리에 입각한 백 박사님의 법문은 마음 밖에서 모든 것을 찾고 있었던 나의 사고방식을 완전히 바꾸어 놓았습니다. 언제인가 조계사 법회에서 들었던 심외무법心外無法이 생각나며 마음 밖에는 아무것도 없다는 말씀이 실감 났습니다.

마음 밖에서 무엇을 구할 필요가 없고 모두 마음속에 구족되어 있다는 법문. 이것은 지금까지 경전 속에서 듣지 못하였던 시원한 말씀이요, 희망의 말씀이요, 진리의 말씀이라 생각되었습니다.

백 박사님 가르침의 요지는 금강경의 신해행증信解行證입니다.

"금강경의 대표적인 부처님 말씀, '범소유상凡所有相 개시허망皆是虛妄 약견제상若見諸相 비상非相 즉견여래即見如來, 그대 생각이

---

25 일체유심조一切唯心造: 모든 것은 오로지 마음이 지어내는 것

모두 착각인 줄 분명히 알게 되면 곧 부처님과 만나리라.'라는 말씀을 참으로 믿고 아침저녁 직접 석가여래 부처님 앞에서 강의 듣는 마음으로 금강경을 독송하라(信).

뜻을 알려고 하면서 독송하다 보면 결국 알아질 것이다(解).

금강경을 실천해라(行). 그 방법은 금강경 3분에 있다. 마음속에서 올라오는 갖가지 생각을 '부처님' 하는 마음으로 바꿔라. 무슨 생각이든지 부처님께 바쳐라. 이것이 금강경의 실천이다.

그리하면 분별이 사라지고 어떤 깨달음이 오며 지혜가 생길 것이다. 이것이 참다운 깨달음, 참다운 지혜인가를 선지식에게 내놓고 검토받고 인정받아야 한다(證)."

금강경 실천 방법을 구체적으로 설명하면 다음과 같습니다. 다른 사람이 사랑스럽거나 밉게 보인다면, 사랑스러운 상대 또는 미운 상대가 실제로 존재한다고 보지 말고 모두 자신의 마음이요, 분별심이 만들어 낸 결과라고 아는 것입니다. 자신의 속마음을 상대에게 붙여 놓고 사랑스럽다고 이름 지은 것이 사랑으로 보게 하는 것이요, 밉다고 이름 지음으로 밉다고 하는 것일 뿐, 사실 상대는 사랑할 것도 미울 것도 없는 존재입니다. 자신의 마음이 현실을 그렇게 보게 할 뿐입니다. 마음을 붙이고 이름 짓는 습관을 부처님께 바쳐 소멸할 수 있다면, 현실에 나타나는 사랑과 미움의 존재 역시 사라지게 됩니다.

가족 역시 존재하는 것이 아니고 내 마음속 분별심의 결과이며, 성공과 실패, 극락세계와 아미타불, 세계와 미진,[26] 물질과 에너지 등 모든 것은 내가 사람이나 사물에 마음을 붙여서 그럴듯하게 이름 짓고, 참으로 있는 것같이 생각한 결과입니다.

마음 밖에 모든 사람이나 사물은 내 마음속 분별심의 결과일 뿐 실체가 없다는 말씀입니다. 따라서 사랑스럽게 보이는 상대가 존재한다면, 그 사랑스럽다는 생각을 상대가 아닌 자신의 마음으로 알고 상대에게 붙은 내 마음을 부처님께 정성껏 바쳐서 떨어지게 합니다. 결국 잃어버린 제정신을 다시 찾음으로 지혜가 나고 난제에 대한 해답을 얻게 됩니다.

해답을 정확하게 알게 되는 이유는 붙은 마음의 소멸, 즉 갈등의 분별심이 사라진 결과입니다. 분별심이 사라지고 지혜가 나타난 상태를 '깨침' 또는 '깨달음'이라 합니다. 작은 분별이 사라지면 작은 깨침이 작은 지혜로 나타나 세상을 움직이는 영재나 인재가 됩니다. 큰 분별심이 사라지면 큰 지혜로 나타나 도인이 되고 견성성불하게 됩니다.

당시 춘천에서 군 복무를 하고 주말이 되어 선생님을 찾아뵈면 "그간 깨친 것이 무엇이냐?"라고 질문을 하시곤 하셨습니다. 즉 분별심을 부처님께 바쳐 깨쳐진 것, 알아진 것을 점검받는 것입니다.

26　미진微塵: 작은 티끌이나 먼지, 작고 변변치 못한 물건

군 생활에서 올라오는 갖가지 번민을 부처님께 바치니, 번민이 부처님께 바쳐지는 듯했고 사라지는 듯하였습니다. 척박한 군 생활이 기쁨으로 변화하였고, 껄끄러웠던 대인관계도 부드러워졌습니다. 그리고 몰랐던 사실이 자연스럽게 터득되는 듯도 하였습니다.

말하자면 부처님께 바치는 것이 계戒요, 이 바침을 통하여 기쁨이 얻어지는 것이 정定이요, 몰랐던 사실을 터득하게 되는 것이 혜慧였습니다.

군 생활을 마칠 즈음에는 생각이 복잡했습니다. 집안 형편을 봐서는 당연히 제대와 동시에 취직을 하고 돈을 벌어 가족을 이끌어야 하는데, 취업전선에 뛰어든다면 지금처럼 훌륭한 스승을 만나 마음속의 지혜를 발굴하는 길은 영원히 멀어질 것 같았습니다.

'나는 한때 영원한 삶을 살려고 스님이 되는 길을 택하려 한 적도 있지 않았던가? 스님처럼 완전한 출가는 아니라 하더라도 훌륭한 선지식을 모시고 일정한 시간을 투자하는 것은 매우 바람직한 일이 아닌가?' 사회생활과 출가 수도의 갈림길에서 갈등하다가, 조심스럽지만 그래도 선지식께 여쭤보기로 하였습니다.

"선생님, 제가 2개월 후면 제대합니다. 취직하겠다는 생각도 들고, 한편 출가해서 선생님 문중에서 공부하고 싶은 생각도 듭니다. 진로를 어떻게 할까요?"

그러면 "법당에 출가하여 금강경을 본격적으로 배워라." 하실 것으로 기대하였습니다. 왜냐하면 선지식께서는 종종 세상의 부귀영화보다는 영원한 삶을 강조하는 말씀을 하셨기 때문입니다. 그러나 선지식의 답변은 의외였습니다.

"취직하고 싶은 생각이 들면 그 마음을 부처님께 바쳐 보아라. 공부하고 싶은 생각이 들어도 그 마음을 부처님께 바쳐 보아라."

출가하여 수도하라는 것이 아니요, 그와 반대로 세상에 나가서 취업하라는 말씀도 아니었습니다. 네 마음속에 해답이 있으니 찾아보라는 말씀이요, 갈등의 분별심을 부처님께 바쳐 마음속에 드러나는 지혜를 따라 행동하라는 말씀이었습니다.

취직하고 싶은 생각도 바치고 공부하고 싶은 생각도 바치고, 갈등하는 마음을 부처님께 모두 바쳤습니다. 결국 제대와 동시에 출가 생활의 길을 택하였습니다. 이는 선지식의 권유로 인한 출가도 자발적인 출가도 아니요, 내 삶에서 최초로 시도한 부처님의 응답에 의한 출가였습니다.

출가수행 후 나의 변화

출가 후에는 모르는 일이 생길 때마다 누구에게 묻는 습관이 없어졌습니다. 묻지 않고 모른다는 생각을 부처님께 바쳐 해답을 얻으려 하였습니다.

선지식이 계신 수행 장소는 일반 선방처럼 정갈하고 조용한 도량[27]이 아니었습니다. 쇠똥 치는 젖소 목장이었습니다. 아침저녁으로 금강경을 독송하고 하루 종일 목장에서 일하면서 올라오는 모든 생각을 부처님께 바치는 공부를 하는 실천 수행이었습니다.

생전 처음 경험하는 목장일은 지저분하고 어렵고 위험했습니다. 지저분하다는 생각이 들 때는 지저분하다는 판단이 참이 아닌 줄 알고 그 생각을 부처님께 바치는 마음을 가집니다. 어렵다는 생각도, 위험하다는 생각도 참이 아닌 줄 알고 그 생각을 하

---

27 도량道場: 불교 수행하는 장소. 수도장

나하나 부처님께 드립니다.

　그 당시 하루에 두 끼를 먹고 쉴 새 없이 일하니까 오후가 되면 상당히 배가 고팠습니다. 살짝 몰래 나가서 빵이라도 사 먹고 싶은 마음이 굴뚝 같았습니다.

　"배가 고플 때는 어떻게 할까요?"

　선지식의 대답을 뻔히 알면서도 묻습니다.

　"배고픈 생각이 참이 아니니 그 배고픔을 부처님께 바쳐라."

　하루 종일 일하고 다음 날 새벽 3시에 일어나는 것은 참 어려웠습니다. 3시에 일어나면 잠이 하염없이 쏟아졌습니다.

　"잠이 쏟아져 괴롭다는 생각 역시 부처님께 바쳐라."

　올라오는 온갖 생각을 정성껏 바치려고 하면 신기하게도 조금씩 바쳐지며 배고픔이나 잠이 점점 줄어들었습니다. 부글부글 끓어오르는 모든 생각을 부처님께 바치면서 마음이 상당히 편안해졌습니다.

　'공부하는 방법을 알게 되었으니 이제는 혼자서도 충분히 공부할 수 있겠구나! 간화선 수행자들도 어느 정도 공부가 되면 스승의 곁을 떠난다 하지 않았나? 나는 언제쯤 이 도량을 떠나서 홀로서기 공부가 가능할 것인가?'

　비록 부처님의 응답에 의하여 출가의 마음을 내었으나 마음 한 구석에는 집을 돌보아야 한다는 생각, 불쌍한 어머니를 보살펴야 한다는 생각이 늘 떠나지 않았습니다.

어느 날 선생님께서는 소여물을 주고 있는 나에게 친히 오시더니 "매일 아침 법당에 들어오거라." 하시었습니다. '혼자서 충분히 공부할 수 있다고 생각되는데 어째서 매일 아침 법당에 들어오라 하실까?' 의아했습니다.

매일 아침 선생님께 자신의 분별을 내놓고 점검받는 법담[28] 시간이 있었습니다. 수행 중 일어나는 궁금함이나 분별심을 내놓으면 올바른 방향으로 이끌어주시고, 잘못된 사고방식은 경우에 따라 경책[29]을 하시어 해로운 분별심을 제거하게 하셨습니다.

"소젖 짜는 일이 손에 익지 않고 아직도 서툴고 어렵습니다. 소젖 짜는 방법이 어렵다는 생각도 부처님께 바치면 해결할 수 있습니까?"

"소젖을 짜면서 젖 짜기 어렵다는 생각을 자꾸 부처님께 바쳐라. 부지런히 바치면 어렵다는 생각이 없어지고 일이 한층 수월해질 것이다. 안 된다는 생각을 부지런히 바치면 불가능이 가능으로 바뀔 것이다."

"나폴레옹은 불가능이 없다고 하였는데 나폴레옹 역시 어느 생엔가 잘 닦던 사람입니까?"

"그렇다. 나폴레옹은 서양 사람이지만 한때는 잘 닦던 매우 지혜로운 사람이었다."

---

28 법담法談: 좌담 식으로 불교의 교리를 서로 묻고 대답함
29 경책警策: 정신을 차리도록 꾸짖음

"동양 학문과 서양 학문의 차이는 무엇입니까?"

"동양 학문이란 세상의 이치를 잘 아는 밝은이들이 직관으로 말씀해 놓은 것을 공부하는 학문이요, 서양 학문은 세상의 이치를 모르는 사람들이 모르는 이치를 하나하나 더듬어가면서 합리적으로 써놓은 학문이다."

지금은 구시대의 유물이요 아무 실용성이 없는 것같이 생각되는 사서삼경이 우주의 모든 이치를 잘 아는 밝은이의 말씀이라는 것에 선뜻 동의하기 어려웠습니다.

"공자님을 위대한 성인으로 생각합니다만 그분이 우주의 이치를 잘 아는 밝은이라는 생각은 하지 못했습니다. 어리석은 질문 같지만, 공자님을 불세출의 과학자 아인슈타인과 비교하여도 우주의 이치를 잘 아는 밝은 사람이라 할 수 있을까요?"

나는 우주의 이치를 막연하게 아는 것이 아니라 구체적으로 알아 현실 생활에 응용할 수 있는 능력에 있어서는 천하의 공자님이라도 아인슈타인에 미치지 못할 것이라 생각하였습니다.

"네 마음속에 '누가 낫고, 누구는 못하다'며 비교 분석하는 분별심이 부처님께 바쳐 사라진다면, 나에게 묻지 않아도 어떤 사람이 밝은 사람인가 알게 될 것이다."

이 말씀 끝에 공자님께서 쓰신 주역에서 '정기위물精氣爲物 유혼위변遊魂爲變, 에너지精氣는 물질이 되고 떠돌아다니는 혼이 변화의 근본이 된다.'라는 구절이 생각났습니다. 2,500여 년 전 공자님의 말씀은 아인슈타인의 위대한 발견인 에너지 보존의 법칙보다 훨씬 전에 하신 말씀이라는 사실이 떠올랐습니다.

"그런데 어찌하여 밝은 학문을 한 동양 사람들은 못살고 어두운 학문을 하는 서양 사람들은 더 잘삽니까?"

"오만하면 어두워져 내리막길을 가며, 자신을 낮추고 부지런히 배우는 마음이면 향상 발전하여 오르막길을 가게 된다. 한국이 지금은 가난하나 장래는 매우 밝다. 지금 우리나라는 아직 자동차 한 대도 만들지 못하지만 멀지 않아 한국은 공업 대국이 되어 자동차가 중국으로 쏟아져 들어갈 것이고, 언젠가 우리나라는 세계 중심 국가가 될 것이다."

이런 말씀을 하신 때는 1967년, 당시 우리나라는 자동차 한 대도 생산하지 못하는 세계 최빈국이었습니다.

금강경 가르침은 타력불교가 아닌 자력불교를 강조하는 것으로 생각되어 언젠가 읽었던 육조단경의 구절을 떠올리며 여쭈어보았습니다.

"혜능대사께서는 수도하는 사람에게 선지식이 필요하지만 반드시 선지식이 필요한 것은 아니다, 왜냐하면 자신의 마음을 잘 살펴보면 마음속에 선지식이 있어서 스스로 깨칠 수 있기 때문이라고 하셨습니다. 선지식이 없이 혼자 하는 공부도 가능합니까?"

선지식은 정색하며 말씀하셨습니다.

"혜능대사는 이미 전생에 큰 깨달음을 얻고 밝아서 온 사람이

다. 전생에 이미 밝음을 체험한 사람은 태어날 때부터 다 알게 된다. 태어날 때부터 다 아는 혜능대사 같은 사람을 생이지지生而知 之한 사람이라 한다. 공자님이 생이지지요, 혜능대사가 생이지지다. 생이지지한 사람은 마음속에 선지식이 있어 저절로 세상의 이치를 터득하는 능력이 있기에 반드시 선지식을 만나지 않아도 깨칠 수 있느니라. 그런데 과연 네 마음에 선지식이 있느냐?"

이미 나의 얼굴은 빨개져서 고개를 들 수가 없었습니다.

"네 마음에는 혜능대사처럼 선지식이 있는 것이 아니라 탐진치가 그득하지 않으냐? 너와 같은 사람이 어찌 선지식을 만나지 않고 혼자 공부해서 밝아질 수 있다고 하겠느냐? 선지식 없이 공부할 수 있다는 것은 장님이 시골에서 살다가 혼자 서울로 온다는 말과도 같다. 세세생생 사람 몸 받아 선지식 모시고 공부 잘하기를 발원하여야 할 것이다."

처음에는 아침 법담 시간에 환희심도 나고 보람도 느꼈지만, 한편 꾸중을 하시거나 나의 하찮은 모습이 도반들에게 드러날 땐 적지 않게 괴롭기도 하였습니다. 자신의 업장[30] 표출, 선지식과 함께하는 검토, 지적 및 꾸중, 퇴타심의 예방 등 매일 법담에 들어가면서 나의 업보 업장이 태산과 같음을 느끼게 되었으며 그동안 얼마나 무지와 착각 속에서 살았는지를 실감한 것입니다.

---

[30] 업장業障: 악업을 지어 옳은 길을 방해하는 장애

'수지자신죄장유여산악須知自身罪障猶如山嶽' 마땅히 자신의 죄업이 산악과 같이 큰 줄로 알아야 할 것이라는 초발심자경문[31]의 말씀을 자주 인용하시며 우리의 업장이 얼마나 큰지 일깨워 주시는 선지식의 말씀은 너무나 당연하게 생각되었습니다.

비로소 매일 법담 시간에 들어와 점검받으라는 뜻이 무엇인지 알게 되었습니다. 스승을 떠나 혼자 만행萬行[32]을 하며 배운다는 것이 얼마나 위험한지 알았습니다. 매일 선지식을 뵙고 마음 씀씀이를 바로잡지 아니한다면, 나의 못된 마음은 항상 나쁜 길로 가게 됨을 확연히 알게 된 것입니다. 소인은 한가하면 항상 나쁜 일을 생각한다(소인한거 위불선小人閑居 爲不善, 공자)는 성인의 말씀을 실감하였습니다.

이렇게 배고픔, 졸음 역시 본래 없음空을 알게 되고, 사람과 사람 사이의 업보 역시 착각이고 본래 없음을 알게 되면서 내 마음은 한없이 편안해졌습니다. 끊임없이 일어나는 여러 가지 생각들로 잠시도 쉬지 못했던 마음에 참 오랜만에 긴 평화가 찾아온 것입니다.

'부처님 전에 복을 짓는다는 것이 이런 것인가?' 하는 것을 실

31　초발심자경문初發心自警文: 출가한 사미가 지켜야 할 덕목을 적은 기본규율서. 고려 지눌 저서 계초심학입문, 신라의 원효 저서 발심수행장, 고려 야운 저서 자경문을 합본한 책
32　만행萬行: 여러 곳으로 두루 돌아다니면서 닦는 온갖 수행

감하니, 선지식을 생각하면 눈물이 저절로 날 정도로 감사하게 되었습니다.

눈에 나타나는 현상을 사실 혹은 실제 존재하는 것으로 알았던 나의 사고방식이 변하기 시작하였습니다. 안 되는 일이나 불가능한 일은 실제로 존재하며 불변이라고 생각했는데, 불가능하다고 생각한 것도 내 마음에 따라 가능하게 변화한다는 것을 알았습니다. 모든 고통이 착각임을 시시각각 알게 되고, 더불어 나는 더 자유롭고 행복해졌습니다. 이것은 일시적이 아닌 영원한 변화인 것 같았습니다.

이런 감사와 감동도 부처님께 바쳐야 할 것입니다. 무슨 생각이든지 바치라는 말씀은 금강경 가르침, 선지식, 부처님 등, 절대적인 그 무엇이라 생각되어도 다 바쳐야 한다는 뜻입니다. 당시 나는 이제 무슨 생각이든지 다 바칠 수 있을 것으로 생각하였습니다.

그런데 하늘처럼 우러러보는 스승, 그분에 대한 불신까지 바친다는 것이 과연 가능했을까요?

마지막 시련

무슨 생각이든지 다 바칠 수 있다고 자신하던 나는 새로운 시련에 부딪치게 됩니다. 믿고 존경하는 선지식에 대한 불신입니다. 신심이 좋은 나에게도 스승에 대한 불신이 있었다니! 언제부터 시작된 불신이었나? 잘 생각해보니 출가 전부터 가져온 불신이었습니다.

제대하고 백 박사님 문중으로 출가할 당시, 어머님께서는 강력히 만류하였습니다. 먹고살기 힘든 가정 형편에 집안을 책임져야 할 사람이 출가 수도를 하려 한다면 그 누구도 그럴 수밖에 없을 것입니다.

"백 박사가 도인이라고? 정말 그 말을 믿느냐? 내가 얼마 전 소사(지금의 부천)에 가서 백 박사님 소문을 들었더니 딸뻘의 젊은 여자와 함께 산다는데, 어찌 그런 사람을 도인이라 믿고 출가를 한단 말이냐?"

이러한 어머니의 폭언을 듣는 순간 '그것이 정말인가?' 하며 마음이 심하게 요동쳤습니다. 마냥 마음이 흔들리는데, 선지식이 언젠가 하신 법문이 언뜻 생각났습니다.

'부처님께서 초지보살初地菩薩[33]에게는 부처님 욕하는 소리를 들으면 수많은 꼬챙이로 자신을 찌르는 것같이 괴로워할 것이며, 8지보살[34]에게는 부처님 욕하는 소리를 들으면 마음이 흔들리지 않기를 태산같이 하라 하셨다.'는 구절을 떠올리며 말했습니다.

"어머니 그건 사실이 아니에요, 동네 사람들이 잘못 안 것이에요. 선생님 제자 김ㅇ 도반이 그러는데 백 선생님께서는 칠십이 넘도록 상좌도 두지 않고 홀로 사시는 청정 비구라 해요. 그 젊은 여자란 동국대 총장 시절부터 비서로 일하던 사람이고, 부인이 아닌데 동네 사람들이 잘못 오해한 것이에요."

이렇게 어머니를 억지로 설득하고 출가하였는데, 이 불신의 마음이 완전히 사라지기도 전에 결정적으로 쐐기를 박는 일이 벌어졌습니다.

도량에는 먼저 들어온 김ㅇ, 이ㅇ 두 도반[35]이 있었습니다. 한 방에서 셋이 함께 지냈습니다. 어느 날 몹시 고단하여 금강경을

---

33 초지보살初地菩薩: 보살의 계를 받고서 보살행을 시작한 보살
34 8지보살 이상의 경지에 이르면 인간의 경지를 벗어나 몸도 마음도 아무것도 걸릴 것이 없는 대보살의 경지에 이른다고 한다.
35 도반道伴: 함께 불도를 수행하는 벗, 道로서 사귄 친구

읽는 둥 마는 둥 하다가 먼저 잠이 들었는데, 잠결에 들리는 속닥거리는 소리에 후딱 잠이 깨었습니다.

"선생님 곁에 자주 드나드는 그 여자는 누구야?"

"그 사람, 동국대학교에서 선생님 비서로 있었는데 알고 보니 그 여자가 사모님이라는 거야."

김○ 도반이 아무렇지도 않은 듯 대답하는 것이었습니다. 김○ 도반은 백 박사님을 청정 비구라고 나에게 소개했던 사람이었습니다.

'비서가 아니야 사모님이야.' 이 말을 듣는 순간 어설픈 잠이 확 달아났습니다.

'아, 내가 속았구나! 선생님께도 속았고 도반에게도 속았구나!'

1년 전 눈물로 나의 출가를 극구 만류하던 어머니 생각이 떠오르며 거의 뜬눈으로 밤을 지새웠습니다.

이튿날 아침 금강경 독송을 억지로 하고 간신히 허탈한 마음을 추스르며 일을 시작하였습니다. 우유통을 우물에 식히려고 선생님이 계신 아래채로 내려가는데, 저 아래 선지식과 그 사모님이라는 문제의 여자가 나란히 나를 쳐다보고 있었습니다. 피가 거꾸로 솟는 듯한 불쾌감을 느끼면서 내 입에서는 "에이~ 더러운 것들" 하는 불경스러운 말이 저절로 나왔습니다. 금방이라도 졸도할 것 같은 기분이었습니다.

이때 놀라운 일이 벌어졌습니다.

"어이 이 사람, 엊저녁에 큰일 치렀네!"

약 20여 미터 되는 먼 곳에서 선지식께서는 큰 목소리로 말씀하시는 것이었습니다. 우렁찬 목소리에 정신이 확 들었습니다. 조금 전 졸도할 것 같은 어지러운 마음도 일순간 가라앉았습니다.

'엊저녁에 큰일 치렀네? 어제 저녁에 두 사람이 한 이야기, 그리고 내가 밤새 한잠도 못 자고 설친 사연을 정말 아시고 하신 말씀인가? 중생도 분별심을 닦아 분별심이 사라지면 부처님처럼 다 알게 된다더니 선지식께서는 정말 다 아시는 것인가? 다른 사람의 마음을 다 아시는 타심통의 도사라더니 정말 그런가 보다!' 하는 생각이 스쳐 지나갔습니다. 그러나 또 한편 '뭐, 그냥 우연의 일치이겠지!'라고 의심하는 생각도 들었습니다.

마침 그날 아침, 혼자 법담에 들어가게 되었는데 선지식께서 근엄하게 말씀하셨습니다.

"그래, 두 녀석은 지껄이고, 너는 잠이 오든 안 오든? 네가 그런 생각을 오래 가지고 있으면 그 생각은 네 몸을 지탱하지 못하게 하고, 너는 결국 이 도량을 떠날 수밖에 없을 것이다. 그런 위기의 순간에도 마음이 흔들리지 않고 그 생각을 부처님께 바칠 수 있어야 한다."

마치 거울에 비추듯 내 마음을 완벽하게 아시는 선지식의 말씀에 흔들리는 마음과 의심하는 마음이 완전히 사라졌습니다. 어느새 내 마음은 안정을 찾고 새롭게 선지식에 대한 믿음과 공경심으로 가득했습니다. 그제야 이러한 일들이 나와 같이 의심 많고 업장이 두터운 사람을 구제하려는 보살의 원력임을 확실히 알게 되었습니다.

선지식께서 말씀해 주신 백은대사 이야기가 떠올랐습니다.

일본에서 백은대사(1685~1768)는 생불로 추앙받는 유명한 도인이었다. 도인을 따르는 수많은 신도 중 어느 한 신도의 딸이 시집도 가기 전에 아이를 가졌다. 아버지는 노발대발하며 딸을 추궁하였다.

"어느 놈의 자식이냐?"

위기에 몰린 딸은 아버지의 급한 성미를 생각하며 아버지가 가장 존경하는 스님의 이름을 거짓으로 둘러대었다.

"백은스님과…."

아버지는 기가 찼다. 그러나 평소에 존경하는 스승의 아이라니 더 이상 어쩔 도리가 없었다. 그러나 딸이 아이를 낳자 분기탱천하여 스님에게 찾아가 아이를 내던지며 소리 질렀다.

"이 아이는 스님의 아이니 받아 기르시오."

스님께서는 "아, 그런가!" 하실 뿐 아무 변명이 없으셨다. 스님은 아무 말 없이 묵묵히 그 아기를 정성껏 키우셨다.

이렇게 되니 도인의 꼴이 말이 아니었다. 백은대사를 존경하던 수많은 신도는 스님을 파렴치한으로 보면서 스님의 곁을 하나둘씩 떠났다. 백은대사는 어렵게 탁발하며 아이를 정성껏 키웠다.

몇 년이 지났다. 하루는 젊은 남녀가 찾아와 엎드려 절하면서 참회의 눈물을 쏟으며 말하였다.

"실은 저희 사이에서 생긴 아이인데 그 사실이 밝혀지면 아버님 손에 당장 죽음을 면치 못할 것 같아 스님의 아기라고 거짓말을 하였습니다."

그때 스님은 아기를 내어주시며 "아, 그런가!" 할 뿐이었다. 더 말씀이 없으셨다.

이 사건으로 새롭게 깨친 것이 있습니다. 즉 상대방이 잘못했기 때문에 내가 의심하고 불신한 게 아니라, 내 속마음에 불신의 씨가 있어서 상대방을 의심하고 불신하게 되었다는 사실입니다. '마음이 먼저이고 결과가 나중이구나!' 비로소 마음이 모든 것을 만든다는 일체유심조, 유식무경唯識無境의 진리가 무엇인지 확실하게 실제로 체험한 것입니다. 원효스님이 의상스님과 중국 유학길에 산속 동굴에서 밤에 마신 감로수가 아침에 보니 해골에 담긴 물이었던 것을 알고 구역질하며, 부처님의 가르침을 크게 깨쳤다는 이야기를 다시 실감하였습니다.

> 종종심생 종종법생 種種心生 種種法生,
> 종종심멸 종종법멸 種種心滅 種種法滅.

> 가지가지의 마음이 생기니 가지가지의 현상이 일어나고,
> 가지가지의 마음이 사라지니 가지가지의 현상이 다 사라진다.

이 사건 이후로 선지식에 대한 공경심은 더욱 커지고 굳건해졌

습니다. 선지식에 대한 믿음과 절대 공경심이 공부가 힘들 때나 퇴타심 날 때, 나를 흔들리지 않게 지탱해 주었습니다.

'아! 선생님은 정말 훌륭하시다!' 체루비읍하지 않을 수 없었습니다. 공자의 수제자 안회가 위대하신 스승을 평한 구절이 떠올랐습니다. 안회의 심경이 바로 내 마음이었습니다.

> 우러러보면 볼수록 스승님은 더욱 높고
> 뚫으려 하면 할수록 스승님은 더욱 단단하네.
> 앞에 계신 듯하면 어느덧 스승님은 뒤에 계시고
> 내 재주를 다하여 따르려 하나 도저히 따를 수 없네.

이러한 출가수행에서의 실질적인 체험, 선지식에 대한 굳건한 믿음과 공경심이 드디어 나 자신을 속마음까지 완전하게 변화시키는 원동력으로 작용하였습니다.

2장

부처님의 정체성

부처님의 정체성

"어이 이 사람, 엊저녁에 큰일 치렀네! 그래 두 녀석은 지껄이고 너는 잠이 오든 안 오든? 네가 그런 생각을 오래 가지고 있으면 그 생각은 네 몸을 지탱하지 못하게 하고, 너는 결국 이 도량을 떠날 수밖에 없을 것이다. 그런 위기의 순간에도 마음이 흔들리지 않고 그 생각을 부처님께 바칠 수 있어야 한다."

제1장 「마지막 시련」 일화는 선지식에 대한 불신이 내가 가지고 온 마음인 것을 알게 하고, 일체유심조를 깨치게 하기 위한 선지식의 방편, 보살행이었습니다. 말로만 듣던 보살행, 경전에서만 보던 살신성인의 제도행濟度行[1]은 나로 하여금 불신에서 믿음의 세계로, 불경不敬의 마음에서 공경하는 마음으로 바뀌게 하였습니다. 이와 같은 선지식의 제도 방편이 없었으면 선지식에 대한 의심

---

1 제도행濟度行: 중생을 고해苦海에서 건져내어 극락세계로 이끌어 주는 행동

을 깨치지 못하고 결국 법당을 떠날 수밖에 없었을 것입니다.

선지식의 자비로운 방편으로 나는 차츰 마음이 안정되고, 이후 선지식께 더 깊이 감사하며 무한한 공경심을 느끼게 되었습니다. 그러면서도 풀리지 않는 궁금증이 있었습니다.

어떻게 선지식께서는 우리와 동일한 사람인데도 전지전능한 부처님처럼 다른 사람의 마음을 거울에 비추듯 다 아시고 다 보시는가? 선지식께서는 평소에는 아는 체하지 않으시지만, 제자들의 신심이 떨어지는 것을 아는 능력이 있으셨나 봅니다. 때맞추어 아시고 제자들의 불안한 마음을 안정시키고 불신을 신심으로 되돌아오게 하셨습니다. 그런 지혜와 그 지혜에 걸맞은 방편은 어디서 생기는 것일까요?

아마 선지식께서 우리에게 "금강경을 독송하라. 그리고 그 내용을 실천하라. 올라오는 모든 생각이 잘못된 것인줄 알고 부처님께 바쳐라. 그러면 안 된다는 생각이 소멸하여 능력이 생기고, 모른다는 생각이 사라져 지혜가 나느니라."라고 늘 말씀하신 것처럼, 선지식께서도 금강경을 독송하시고 실천하셨기에 부처님과 동일한 전지전능의 능력을 얻게 되신 것이 아닌가 싶었습니다.

이 일이 있은 후, 도량에서 공부를 잘하면 선지식과 마찬가지로 내 마음속 부처님처럼 본래 갖추어져 있는 능력을 발휘할 수 있고, 이렇게 아는 능력은 당연히 사회에서도 통용할 수 있다고 믿게 되었습니다. 나도 언젠가는 세상에서 알아주는 인재가 되고 영재가 될 수 있다는 희망을 가졌습니다.

선지식께서는 올라오는 가지가지의 생각(분별심)을 부처님께 바쳐 소멸하고 분별심이 마음속에서 사라지는 현상을 '깨침'이라 하셨습니다. 작은 분별이 소멸되어 작은 깨침이 되고 큰 분별이 소멸되면 큰 깨침이 되어, 깨침이 하나하나 쌓이면서 드디어 밝아진다고 말씀하셨습니다.

"금강경을 독송하고 실천하라. 삼 년을 일심으로 금강경 내용을 실천하면 중생심이 담긴 살 세포가 부처님 광명의 세포로 바뀌며 전생을 아는 지혜, 즉 숙명통宿命通이 생긴다. 삼 년의 세배인 구 년을 일심으로 금강경을 실천하여 각종 분별심을 소멸하면 뼈세포까지 광명의 세포로 바뀌면서 지혜는 더욱 깊어지고 넓어진다. 드디어 제 마음의 정체를 보게 되어 다른 사람의 마음까지 알게 되는데 이런 지혜를 선인先人들은 견성見性[2]이라 하였다."

이와 같은 수행은 분명히 단계적 수행, 점적漸的 수행[3]을 말씀하신 것이었습니다. 그러나 학생 때 공부했던 선불교는 어느 날 갑자기 마음의 눈이 열리어 한달음에 부처님의 경지에 오르는 돈적頓的 수행[4]이었습니다. 스님들의 말씀이 다 일치하는 것은 아니

---

2 견성見性: 성품을 본다는 의미 또는 도를 깨닫는다는 말로 오도悟道라고도 함
3 점적漸的 수행: 조금씩 앞으로 나아가는 수행
4 돈적頓的 수행: 단번에 깨치는 수행

지만, 대체로 선 수행의 핵심은 돈오돈수에 있다고 생각하는 듯하였습니다.

중생은 돈頓과 점漸 중 어떤 방법으로 밝아지는 것일까요?

수행의 정도正道는 선지식께서 말씀하시는 것처럼, 어떤 로드맵이 있어 단계적으로 밝아지는 것일까요? 또는 수행 로드맵 없이 단박에 깨쳐 부처의 지위에 오르는 것일까요?

금강경의 신해행증信解行證으로 차츰 밝아져 지혜가 커지고 인재 영재가 되며, 드디어는 큰 깨달음을 얻어 세상의 이치를 다 알게 되는 점적 수행 과정으로 부처님의 경지에 오른다는 것은 어느 정도 이해가 되지만, 문득 깨달아 단숨에 부처가 되는 방법은, 참 빠른 방법인데 이해하기 어렵고 실천하기는 더욱 어려운 가르침이라 생각하였습니다. 설사 단박에 깨쳐 부처가 되었다고 해도, 수행의 로드맵으로 수행한 것이 아니기에, 깨친 후 제자들에게 '이 수행의 과정을 거치면 다음에는 이런 경지가 나타나고 그것은 무슨 이유 때문이다.'라고 구체적으로 설명할 자료도 없을 것입니다.

이러한 수도 과정에 대한 나의 의문은 선지식의 말씀을 들은 뒤 점차 정리되었습니다.

"참선하는 이들 중에서 일초직입여래지一超直入如來地[5]라는 말만

---

5   일초직입여래지一超直入如來地: 견성하면 바로 여래의 경지에 다다른다

믿고 부처님의 법식法式[6]을 몰라도 오직 화두만 참구하다가 어느 날 순식간에 깨달아 단번에 부처가 될 것으로 생각하는 사람이 적지 않다. 그러나 한달음에 부처가 되는 것은 말처럼 쉽지 않다. 설사 확 터져 깨쳤다고 한들, 불가사의한 부처님의 정체성을 알 도리道理가 있을까? 장님이 눈을 떠도 색깔을 제대로 구분하려면 삼 년이 걸린다고 한다.

사람들은 혜능대사가 별다른 수행의 단계를 거치지 않고 한달음에 부처가 되었다고 하며, 혜능대사처럼 돈법頓法으로 수행하여야 한다고 주장한다. 혜능대사는 생이지지生而知之한 사람이고 수행에 많은 준비가 된 사람이어서 돈오돈수가 가능하다지만, 평범한 중생이 부처님의 정체성이 어떤지 모르고 단박에 깨치려고 하는 것은 매우 어리석은 일이요, 또 설사 깨쳤더라도 실감을 느끼지 못함은 물론 후학을 위한 수행 지침을 제시하기도 어려울 것이다.

그러나 혜능대사처럼 금생에 부처가 되는 큰 깨달음, 즉 돈적 깨달음을 얻는 것이 아예 불가능하지는 않다. 금생에 깨치고자 하는 사람은 반드시 선지식을 만나 부처님의 정체성, 공空의 진리가 있는 금강경을 정성껏 실천 수행해야 한다. 그 결과 지금까지의 각종 장애가 착각이요 본래 없음을 깨달으며 크게 깨칠 것이다."

---

6 법식法式: 법도法度와 양식樣式을 아울러 이르는 말.

금강경에 나타난 부처님의 정체성

부처님께서 가장 오랜 기간 말씀하신 반야부 법문의 요지는 "마음 닦아 밝아지느니라."입니다. 이 밝아지는 방법은 반야부 경전의 핵심이라 할 금강경에 잘 나타나 있습니다. 금강경은 곧 부처님 마음이요, 부처님의 정체성입니다.

금강경 1분 법회인유분과 2분 선현기청분은 서론에 해당하는 부분으로 금강경의 핵심 사상이 들어 있지 않은 듯 보입니다. 그러나 지혜로운 선인들은 이 속에 이미 금강경 전체의 뜻이 다 포함되어 있다고 꿰뚫어 보셨습니다. 선인들은 1분에 이미 금강경을 다 설說하셨으며, 2분 선현기청분만 제대로 알아도 금강경 전체를 다 공부한 것이라고 하셨습니다.

이 말씀은 금강경 한 단어 한 문장은 다음 문장을 설명하기 위한 것이 아니요, 한 단어나 문장 속에 금강경 전체의 뜻을 다 포함하는, 일즉일체다즉일一卽一切多卽一[7]의 특징이 있음을 의미합니다. 나는 이런 말씀에 깊이 공감하며 한 단어 한 문장으로도 금강경의 정체성, 부처님의 마음을 나타낼 수 있다고 생각합니다.

금강경의 정체성을 한 단어로 압축한다면 아마도 가장 많이 등장하는 실무유법實無有法, 또는 실무유법 명위보살名爲菩薩일 것입니다.

실무유법은 마음의 밖 또는 안에 법(색성향미촉법)이 본래 없다는 말씀입니다. 즉 '마음 밖 현상은 마음속 분별심이 그려낸 그림자이며 허상虛想'이라는 일체유심조一切唯心造를 나타내기도 하고, 동시에 '마음속 분별심이 착각이기에 본래 없는 것'이라는 공空의 진리도 나타냅니다.

실무유법 명위보살은 일체유심조, 공의 진리를 실천한다면 보살이 된다는 뜻이며, 바꾸어 말하면 보살의 법식이나 부처님의 정체성은 일체유심조나 공의 진리를 실천함으로써 찾을 수 있다는 뜻입니다. 즉 보살의 법식, 부처님의 정체성인 실무유법을 잘 이해하고 그 내용을 실천한다면 밝아져서 보살도 되고 부처도 된다는 말씀입니다.

---

7 일즉일체다즉일一卽一切多卽一: 하나가 곧 전체이고 전체가 곧 하나.

일체유심조一切唯心造의 진리

약인욕요지 若人欲了知
삼세일체불 三世一切佛
응관법계성 應觀法界性
일체유심조 一切唯心造

만일 어떤 사람이
삼세의 모든 부처님 세계를 완전히 파악하려면
마땅히 모든 법계는
모두 다 마음이 만든 것임을 알아야 한다.

화엄경에서 말씀하셨듯 '일체유심조'는 불교 수행의 요체요, 부처님의 마음입니다. 부처님 눈으로 본다면 모든 것은 다 마음이 만들어 내었다는 진리입니다.

'마음 밖에 나타난 현실은 자기 마음속 분별심의 그림자'라는 일체유심조一切唯心造의 진리는 마음 밖의 모든 현상이나 현실은 마음속의 분별심이 빚어낸 결과일 뿐 실제로 존재하는 것이 아니라는 유식무경唯識無境을 뜻하며, 심외心外는 무법無法이라는 뜻이기도 합니다.

모든 현상이 다 마음으로부터 비롯된 것이라면, 길흉화복, 산하대지 역시 다 내 마음이 만드는 것입니다. 마음이 조물주라는 의미이며, 우리는 시시각각으로 모든 것을 성취하는 위대한 존재라는 의미도 됩니다.

단 여기서 마음이란 겉마음이 아닌 속마음을 의미하며, 7식의 마음입니다. 겉마음인 6식이 주위 환경에 영향을 받는 가짜 마음이라면, 깊은 속마음인 7식은 주위 환경을 만들고 영향을 미치는 위력이 있는 참마음입니다.

선지식께서는 일체유심조를 다음과 같이 역사적인 실존 인물을 예로 들어 실감 나게 설명하십니다.

숙종 때 학자 송시열[8]이 금강산 구룡연 폭포에 갔다. 그는 이백오십여 척 높은 산에서 굉음을 내며 쏟아지는 은빛 물기둥과 물보라를 보고 '마치 산이 찡그리고 물이 성내는 것과 같다.'[9]고

---

8 송시열宋時烈: (1607~1689) 조선 후기 문신 겸 학자, 노론의 영수. 주자학의 대가
9 노폭중사 사인현전怒瀑中瀉 使人眩轉: 성난 폭포 떨어지는 기세 사람의 눈을 아찔하게 하도다

시를 지었다.

허미수[10]도 역시 구룡연 폭포를 보고 시를 지었다. 그러나 송시열과는 달리 '폭포의 물기둥과 물보라가 너울거리는 한 폭의 비단 같았다.'[11]라 하였다.

같은 폭포를 보고 두 사람은 어떻게 그리 다르게 보았을까?

송시열은 마음에 진심嗔心[12]이 있었기 때문에 폭포에서 두려움을 느꼈으며, 그로 인하여 말년에 사약을 받고 죽었다. 그의 진심이 말년의 재앙을 불러온 것이다.

반면 허미수는 마음이 평화로웠기 때문에 폭포를 평화롭게 보았고, 그 마음처럼 그의 일생 또한 평안하였고 재앙을 부르지 않았다.

사람들이 분별심에 따라 자연이나 사물을 보는 견해가 달라지고 또한 자신의 길흉화복까지 좌지우지함을 안다면, 상대를 탓하는 마음이 자신의 진심嗔心 때문임을 알고, 그 마음을 부지런히 부처님께 바쳐서 현실의 고난을 소멸함은 물론 운명까지도 바꾸게 될 것입니다.

---

10 허미수許眉叟: (1596~1682) 조선 후기의 문신 및 유학자
11 천장백련 만곡진주千丈白練 萬斛眞珠: 비단필 걸어 놓은 듯 만 섬의 진주 뿌려 놓은 듯 하여라
위의 두 한시는 금강산 구룡연 근처 바위에 새겨져 있다고 한다. 최근에는 이 글을 고운 최치원의 글로 추정하기도 한다.
12 진심嗔心: 화내는 마음

죽어서 다시 사람으로 태어나기도 힘들지만, 사람으로 태어나도 불법을 만나기 어려우며 불법을 만나도 선지식 만나 제대로 공부하기는 매우 어려운 모양입니다. 그러나 불자들도 이와 같이 전해 내려오는 불가佛家의 말을 좀처럼 믿으려 하지 않습니다. 설사 부처님 가르침에 믿음이 없어도 착한 일이나 각종 봉사를 많이 하여 복을 지은 사람은 어렵지 않게 사람으로 다시 태어날 것으로 생각합니다. 착한 일도 많이 하고 불심까지 돈독한 사람이라면 당연히 쉽게 사람으로 태어나며, 더구나 출가하여 큰스님으로 사람들에게 인정받을 정도라면 내생에 사람으로 태어나는 것은 너무나 당연하다고 생각합니다.

  그러나 다음과 같은 선지식의 체험을 들어 보면 착한 일을 많이 하는 것만으로 사람 몸으로 다시 태어남을 보장할 수 없으며, 설사 큰스님이었어도 사람 몸을 보장하지 못함을 어렵지 않게 알 수 있습니다. 왜냐하면 내생에 어떤 몸을 받는가 하는 것은 겉마음인 상식이나 선입견이 결정하는 것이 아니며, 경전의 말씀대로 되는 것도 아니기 때문입니다. 속마음 씀씀이가 결정하는 문제이며 겉마음이 아닌 속마음으로 간절하게 그리는 그림에 의하여 결정되기 때문입니다. 상식적으로 추측하는 내생은 속마음에 의해서 결정되는 상황과는 너무도 다르다는 것을 선지식의 체험을 통하여 실감할 수 있습니다.

  우리가 다음 생에 어떤 몸을 받을지는 전적으로 이생에 어떤 원인을 만드느냐에 달려 있다. 예를 들어 소牛의 몸을 받게 되는 두 가지 원인이 있다.

하나는 실제로 소의 마음을 연습하는 경우다. 소의 마음이란 현실에 만족하고 미래에 대해서는 전혀 생각할 줄 모르는 어두운 마음이다. 저 소를 보아라. 현실에 안주하여 아주 만족한 표정으로 걸음조차 뚜벅뚜벅 한가하지 않은가. 이러한 마음을 연습하면 소의 껍질을 쓰게 되는데, 이 경우는 뿌리가 깊어 소의 몸을 벗어나기 쉽지 않다.

다른 하나는 마음에 소를 그려 갖는 경우이다. 마음에 소를 그려서 소의 몸으로 나타난다. 마음이 순수하면 더 빨리 확실하게 소의 껍질을 쓰게 된다. 수행을 부지런히 하였지만 마음에 소를 그렸다는 사실만으로 사람 몸을 받지 못하고 소가 된 예이다.

옛날 중국에 천여 명의 제자를 거느리던 유명한 스님이 있었다. 스님은 법문 시간에 자주 소의 덕성을 예로 들며 칭찬을 아끼지 않았다. 물론 그도 마음에 소를 그리면 소가 된다는 이치쯤이야 모르지 않았으며 조심도 하였을 것이다.

세월이 흘러 스님이 세상을 하직하게 되었다. 임종을 지키던 한 제자가 스님에게 물었다.

"스님께서는 내생에 어디로 몸을 받아 가십니까?"

제자의 물음에 정신이 바짝 든 스님이 자신의 내생을 관찰하니 아뿔싸, 거의 소가 다 되어 있었다. 스님은 그만 깜짝 놀라 낙심하고 말았다.

기록에는 여기까지 나와 있는데, 후세에 눈 밝은이가 있어 그 스님의 후생을 관찰하니 역시 소의 몸을 받았다. 자신이 소의 껍질을 쓴 것처럼 느껴지는 순간, 그 생각을 부처님께 바치는 방법을 알 길이 없는 이 스님은 속절없이 소의 몸을 받게 되었다.

만일 그 스님이 자신의 후생이 소라는 사실을 감지하고 두려움을 느꼈을 때 그 두려운 마음을 얼른 부처님께 바쳤더라면, 공포의 마음이 부처님 마음으로 바뀌면서 모든 속박에서 벗어날 수 있었을 것이다.

소가 된 스님은 자신의 신세가 기막혔다. 전생에 많이 닦고 선근이 깊었던 스님은 어느 날 보름달을 보며 큰 소리와 함께 스스로 몸을 바꾸었다. 마음에 그리는 그대로 추호의 오차도 없이 현실에 나타난다는 실례이다.

또 다른 예로 이번에는 소의 마음을 연습하여 소가 된 경우다. 현실에 만족하고 미래에 대해서는 전혀 생각할 줄 모르는 어두운 마음이 바로 소의 마음인데 사람이 이런 마음을 가진 한, 비록 세상에서는 훌륭한 자선사업가요, 신심 깊은 불자라 하여도 내생에 사람 몸을 받는 것이 용이하지 않다.

오래 전 장관을 지내고 존경받는 분이 있었다. 이분의 말년 희망은 대학 총장이었다. 열망 끝에 그는 드디어 대학 총장의 자리까지 얻게 되었다. 그는 '이제 이만하면 나의 모든 소원은 다 이루었다.' 하며 만족하였다.

사람들은 '이만하면 다 되었다.'라고 만족하는 마음이 허물이 되고 죄가 되는 것을 알지 못한다. 그러나 그 마음은 곧 치심癡心[13]이라는 큰 독이다.

그는 독실한 불자라 알려졌지만, 이 만족한 심경을 부처님께 바치는 것은 까맣게 잊었다. 화장실에 앉아 자신의 처지에 만족하며 희희낙락하던 순간, 갑자기 그에게 죽음이 찾아왔다. 사람들은 심장마비로 죽었다고 하였다. 그가 세상을 떠나자 불교계는 독립운동가요 사회 명사요 독실한 불자인 그의 죽음을 애석해하며 그의 극락왕생을 당연한 것으로 받아들였다.

눈 밝은이가 그의 후생을 보았다. 사람들의 생각처럼 그는 극락왕생하지 못하였으며 사람 몸을 받지도 못하였다. 독립운동가요 좋은 일을 많이 한 것으로 알려졌지만 사람들의 생각처럼 생전에 복을 지은 것이 아니었다. 그의 어두컴컴한 마음은 박복한 소의 몸을 받게 하였다.

어째서 사람들의 기대와는 다르게 그런 흉한 몸을 받게 되었을까?

그가 독립운동을 하였다지만 조국을 생각하는 순수한 마음이 아니라 경쟁자를 흉내 낸 것이었다. 일제강점기에 유럽에 유학하고 이후 장관과 대학 총장이라는 고위공직자로서 복을 짓고 혜를 닦았다지만, 그것은 교육에의 열정이 아니라 경쟁자라고 여기는 사람에 대한 시샘이었다.

---

13 치심癡心: 어리석은 마음

그가 사회에서 훌륭한 일을 할 때 시샘의 마음이 아니라 부처님 시봉하는 마음으로 하였다면 어찌 후생에 그런 축생의 몸을 받았겠는가?

무슨 일을 하든지 이기적인 마음으로 하면 아니 된다. 비록 이기적 목적으로 기원하여 소원은 성취할지 모르지만, 이기심은 탐진치요 삼독[14]이라 반드시 큰 재앙으로 되돌아온다는 것을 명심해야 한다.

이와 같은 이야기는 마음 씀씀이가 현실을 만들고 길흉화복을 좌지우지한다는 섬뜩한 실례로, 이 말씀을 듣는 순간 등줄기가 오싹하였습니다. 왜냐하면 내가 출가하기 직전 불교신문을 뒤덮었던 그의 죽음을 애도하는 기사, 많은 큰스님들이 생전의 큰 업적을 기리며 극락왕생은 너무나 당연한 것으로 예찬한 기사가 문득 생각났기 때문입니다. 그러나 그런 기사보다 더욱 더 놀라운 것은 그의 후신이 바로 선지식의 도량에서 내가 우유를 먹여 기르는 송아지란 사실이었습니다. 그의 명성을 자랑스럽게 생각할 후손들이 그의 후생의 모습이 이런 흉한 모양임을 안다면 얼마나 기절초풍할까? 하는 생각이 들었습니다.

나는 이런 엄청난 사실에서 제행무상[15]의 진리를 실감하였으며

---

14 삼독三毒: 사람의 착한 마음을 해치는 세 가지 번뇌. 곧, 탐진치를 이름
15 제행무상諸行無常: 우주 만물은 항상 돌고 변해서 한 모양으로 머물지 않음

사람 몸 받기 어렵다는 불가의 말씀이 진실불허임을 뼈저리게 느끼게 되었습니다. 마음은 육도를 윤회[16]하면서 지어온 업대로, 원하는 그대로 각종 중생을 만들고 길흉화복을 만듭니다. 악인도 만들고 보살도 부처도 만듦을 실감하며, 마음의 위대함이 새삼 경이로웠습니다.

---

16 육도윤회六道輪廻: 일체중생이 자신의 지은 바 선악의 업인業因에 따라 천도 인도 수라 축생 아귀 지옥의 육도 세계를 끊임없이 윤회전생輪廻轉生하게 된다는 뜻

공空의 진리

　밝은이의 체험을 통해서 알 수 있듯이 마음에 그리는 바와 같이 현실은 이루어집니다. 마음 씀씀이가 곧 현실을 만드는 것입니다. 상대를 증오하는 마음을 계속 반복하면 자신이 곧 증오 자체가 되어, 사람들에게 증오의 대상이 됩니다. 상대가 불쌍하다는 마음을 되풀이하면 자신이 불쌍한 존재 그 자체가 되어, 어느새 불쌍히 여김을 받는 존재가 됩니다.

　보통 사람들은 증오심이나 측은지심이 실제로 분명히 존재하는 것처럼 보지만, 밝은이들은 이러한 마음이 정말 존재한다고 생각하지 않습니다. 밝은이가 보면 사실은 없는데, 중생들은 꼭 있는 것으로 착각하고 이런 마음을 연습하면서 자신을 고통의 세계로, 가련한 신세로 끌고 들어갑니다.

　밝은이들은 중생들이 이런 고통을 받는 것을 안타까워하시며 "증오심이 정말 존재하는 것이냐? 그 증오심은 본래 존재하지 않는다. 그것은 그대의 업장이 만들어 낸 착각 현상이다."라고 하시며 사람들을 증오심의 재앙에서 벗어나게 하십니다. 증오심뿐 아니라 외로운 마음, 부끄러운 마음, 자비로운 마음, 심지어는 각종 악행이라 생각되는 것 역시 다 참이 아니고 착각이라고 하십니다. 각종 죄업이 다 착각임을 알 때 비로소 죄업에서 벗어날 수 있으며, 자유 행복 지혜를 함께 얻게 된다고 하십니다. 이에 관한 선지식의 말씀입니다.

두 젊은이가 부처님 밑에서 수도하고 있었다. 그런데 부처님 처소는 부처님을 뵙기 위하여 곳곳에서 모여든 사람으로 항상 들끓었다.
'이렇게 많은 사람들로 분주하니 어떻게 수도에 전념할 수 있겠는가? 어디 조용한 수도처를 찾아보아야 하겠다.'
뜻을 모은 두 사람은 부처님 곁을 떠나 인가에서 멀리 떨어진 산속 동굴로 가서 수도하였다.
그러던 어느 날 한 비구가 생필품을 구하기 위하여 마을로 내려갔다. 그가 떠난 후 갑자기 하늘이 어둑어둑해지면서 비가 쏟아지더니, 저녁 때가 다 되어서야 비로소 그쳤다. 바로 그때 마을로 내려간 비구의 누이동생이 오빠를 만나기 위해 비에 흠씬 젖은 채 동굴에 나타났다. 홀로 남아 있던 비구는 친구의 누이동생이 날이 다 저물어 비에 젖어 오들오들 떨며 찾아왔는데 오빠가 없다고 그냥 돌려보낼 수가 없었다. 그는 화롯불을 지펴 여자를 앉혀 옷을 말리게 하고 더운 음식을 장만해 주었다.

날은 저물어 어둠이 깔렸는데도 친구는 돌아오지 않았다. 화롯불 곁에 앉은 여자의 얼굴이 빨갛게 달아올랐다. 그는 깊숙한 곳에서 꿈틀거리는 욕정을 느꼈다. 여자의 상기된 모습이 한동안 잊고 지내던 정념에 불을 당긴 셈이었다. 이윽고 욕정의 불길에 휩싸인 그는 자제력을 잃고 여자를 범하고야 말았다. 불길이 사그라지고 제정신으로 돌아온 그는 생각할수록 어이가 없었다. '순간의 욕정을 참지 못하고 파계를 하다니…' 그는 가슴을 치며 후회하였다.

한편, 마을에서 밤늦게 돌아온 비구는 그들을 보고 아연실색하였다. 그는 격분하였다. 친구도 친구려니와 외딴곳에서 수도하는 젊은이 앞에 나타나 화근을 일으킨 누이동생이 더욱 괘씸하게 생각되었다. 흥분한 그는 성스러운 수도자를 파계시킨 구제받지 못할 요망한 계집이라며 순간적으로 누이를 죽이고 말았다. 자신의 발치에서 누이동생의 시체를 보는 순간 그는 정신이 번쩍 들었다. '나는 간음보다 더한 살생이라는 계율을 범한 것이 아닌가!'

두 비구는 끌어안고 목 놓아 울었다. '이처럼 엄청난 파계를 하였으니 이제 도를 이루기는커녕 지옥에 떨어질 것이 아닌가! 이제 우리는 어찌할 것인가?'

앞길이 막막해진 둘은 부처님 처소로 내려왔다. 부처님께 말씀드리고 구제받을 길은 없는지 여쭈어 보고 싶었지만 그들에게는 그럴 용기가 없었다. 그래서 지계제일이라는 우팔리 비구를 찾아가 자초지종을 이야기하고, 참회하면 자기 같은 사람도 성불할 희망이 있는지를 물었다. 그러나 우팔리 비구는 불가능하다고 냉정하게 잘라 말했다.

그들은 다시 사리불과 목건련을 비롯하여 부처님의 십대 제자들을 두루 만나 자문을 청하였다. 그러나 그들 역시 두 사람의 딱한 처지를 동정하면서도 시원한 답을 주지는 못하였다.

간음과 살생이라는 파계의 멍에를 걸머지고, 더 살아갈 희망과 의욕을 상실한 그들은 마침내 자살을 결심하기에 이르렀다.

그때 마침 유마힐이 두 파계자 앞으로 지나갔다. 울부짖는 두 비구의 사연을 알게 된 유마힐이 지혜의 눈으로 살펴보니 두 비구의 선근은 우팔리 비구보다 훨씬 깊었다. 두 비구를 살려야겠다고 생각한 유마힐은 그들과 함께 우팔리 비구에게 갔다. 유마힐은 우팔리 비구에게 물었다.

"우팔리 존자시여, 이 두 사람의 죄는 과연 어디에 존재할까요? 마음 안입니까? 혹은 밖입니까? 아니면 중간입니까?"

우팔리 비구는 대답을 못하고 안절부절못하였다.

유마힐이 그에게 말하였다.

"우팔리님, 죄는 망상이요, 망상은 착각으로 된 것입니다. 망상이 착각이라는 이치를 아는 사람이야말로 참으로 계율을 지키는 사람이며, 깨달은 사람입니다."

유마힐의 말에 두 비구는 비로소 절망에서 벗어나 다시 수도에

전념하였다.[17]

죄무자성종심기 罪無自性從心起
심약멸시죄역망 心若滅時罪亦忘
죄망심멸양구공 罪忘心滅兩俱空
시즉명위진참회 是卽名爲眞懺悔

죄란 본래 있는 것 아니요 분별로서 생기니
분별심 사라지면 죄 역시 사라져.
분별심 바쳐서 죄가 사라지니
이를 참된 참회라 하네.

두 비구는 이와 같은 공空의 가르침 덕분에 죄지었다는 생각이 착각임을 깨닫게 되었고, 그 깨달음으로 말미암아 구원을 얻어 결국 부처님 세계로 들어갔을 것입니다.

---

17 유마경에 나오는 두 비구 이야기

불이不二와 구족具足의 진리

 죄가 본래 없음을 깨닫고 아상을 소멸한 두 비구는 다음의 화엄경 말씀에 실감을 느끼며 자신이 부처와 다르지 않은 존재임을 깨닫게 되었을 것입니다.

  심여공화사 心如工畵師
  조종종오음 造種種五陰
  여심불역이 如心佛亦爾
  여불중생연 如佛衆生然
  심불급중생 心佛及衆生
  시삼무차별 是三無差別

  마음은 무엇이든 만들어 내고 그려 내는 달인
  정신적인 것은 물론 모든 물질세계도 다 만든다.

> 부처를 마음이 만들 듯
> 중생도 마음이 만드나니,
> 마음·부처·중생 이 세 가지는
> 모두 하나도 다르지 않고 동일한 것이다.

보살이 처음 신심을 내어 수도를 시작하면, 각종 탐진치가 소멸되어 마음의 평화를 얻습니다. 이 평화로운 마음이 지속되면 결국 '종종심생種種心生 종종법생種種法生 종종심멸種種心滅 종종법멸種種法滅'의 진리에 실감을 느끼다가 드디어 일체유심조의 진리를 깨치게 됩니다.

다음 단계는 공의 진리를 깨치는 것입니다. 일체유심조와 공의 진리를 깨친 사람은 설사 수많은 사람이 자신을 환호하여 맞이해도 마음이 들뜨거나 흔들리지 않습니다. 왜냐하면 그 환호는 자신이 복을 지음으로써 불러온 허상임을 알고, 또 자신이 복을 지었다는 것도 역시 공空하여 실체가 없음을 잘 알기 때문입니다.

또한 많은 사람이 자신을 비난하여도 흔들리지 않습니다. 왜냐하면 비난은 자신이 죄지었다는 생각이 불러온 허상이며 자신의 죄라 하는 것 역시 착각이요 실로 없음을 알기 때문입니다. 자신의 죄업이 공한 것임을 확실히 알기에 절체절명의 위기에서도 그것이 착각이요 없는 것임을 알고 위기를 벗어날 수 있습니다.

일체유심조를 깨친 사람은 자신의 마음 씀씀이가 각종 길흉화복을 만드는 것을 잘 알기에, 마음 씀씀이를 바로잡고 마음의 그림을 제대로 그려서 각종 소원을 이룰 수 있습니다. 내 마음이 운명도 만들고 길흉화복도 만들며 상대도 만들고 삼라만상까지도 만듦을 알아, 인재가 되고 지혜로운 사람이 되어 마침내 세상의 주인이 됩니다.

일체유심조와 공을 깨친 사람은 너와 나란 실은 모두 분별심이 만든 허상이며, 상대 또한 자신의 분별이 만든 허상임을 실감하므로 너와 나를 각각 다른 존재로 본 사실이 허망함을 깨닫습니다. 이때 너와 내가 다르지 않게 보이며, 동시에 위대하신 부처님도 자신과 둘이 아님을 깨닫게 됩니다. 자신을 부처님과 동등한 존재로 여길 때, 부처님의 불가사의한 무량공덕이 곧 자신의 공덕임을 실감합니다.

부처님 세계로 들어온 두 비구는 아마도 다음과 같이 말할 것입니다.

"나는 오랫동안 힘들게 살아온 탕자의 삶에서 이제 비로소 벗어나 본래 고향으로 돌아왔다. 부처님의 모든 위대한 유산이 자연스럽게 내 것이 되었고, 어느덧 나는 부처님처럼 위대한 존재가 되었다.

부처님 마음이 여하한 역경에도 흔들림이 없듯 나 역시 흔들리지 아니하며, 부처님께서 모르는 것 없이 모든 것을 다 아시듯 나 또한 다 알게 되었다. 부처님께서 이루지 못하는 것이 없이 모든 것을 다 이루시듯 나 또한 그러하게 되었다.

이 자리는 곧 부처님이 계신 자리요 모든 것을 다 구족한 자리이다."

이렇게 불이의 진리와 구족의 진리를 깨친이는, 사람은 물론 신神에게도 매달려서 무엇을 바라거나 구하지 않습니다. 왜냐하면 자신의 마음속에 모든 것이 구족되어 있음을 알기에 바랄 일도 구할 것도 없기 때문입니다.

그는 주는 것이 곧 받는 것이라는 진리를 깨달았기 때문에, 사람을 대할 때 받으려 하기보다는 주는 마음으로 대합니다. 사람에게 무엇을 기대하기보다는 모든 사람을 부처님으로 보고 시봉할 것입니다. 왜냐하면 기대하는 마음은 항상 고달프지만, 무주상으로 시봉하는 마음은 무량[18]한 공덕이 되어 자신에게 되돌아올 수 있다고 보기 때문입니다.

그는 각종 사업을 할 때 항상 낙관적입니다. 손자병법에 백전백승하는 사람은 전쟁에 나가기 전에 미리 이기고 있다[19]고 한 것처럼, 불이와 구족의 진리를 깨친 사람은 이와 같이 미리 이기는 자신감을 갖고 출발하므로 백전백승의 명장이 될 것입니다.

---

18 무량無量: 헤아릴 수 없이 많음. 무한량
19 선승이후구전先勝而後求戰: 이기는 군대는 먼저 이겨 놓고 싸운다.

수기설법

금강경 13분에 다음과 같은 표현이 있습니다.

수보리 어의운하 須菩提 於意云何
여래유소설법부 如來有所說法不
수보리백불언 須菩提白佛言
세존 여래무소설 世尊 如來無所說

수보리여, 어떻게 생각하는가?
부처님께서 설할 진리가 있다고 생각하는가?
수보리 존자가 부처님께 말씀드리기를,
부처님이시여, 부처님께서는 아무 설할 말씀이 없습니다.

부처님은 아무 하실 말씀이 없으십니다. 당신의 주장이나 철학이 없고, 중생을 설득해야 할 특별한 견해가 없습니다.

부처님께서 처음 깨달음을 얻으셨을 때, 그 깨치신 바가 너무나 엄청나서 이 어마어마한 우주의 비밀을 세상 사람에게 다 이야기한다는 것은 중생에게 신神의 세계를 이야기하는 것과 같아 사람들이 도저히 믿기 어려울 것이며, 자칫 잘못하면 불신으로 인해 악도에 떨어지는 불상사가 생길 것을 염려하시어, 당신의 참뜻은 제대로 말씀하시지 않고 오직 중생의 질문에 대답만 하셨던 것입니다. 부처님께서 말씀하신 팔만대장경이란 부처님의 말씀이라기보다는 중생의 각종 병에 따른 처방이라 할 수 있습니다.

부처님의 대각[20] 당시, 인도 사람들은 각종 고통에 시달리고 있었습니다. 그들의 당면 과제는 우선 고통 문제를 해결하는 것이었습니다. 부처님께서는 이들의 마음을 아시고 알맞은 말씀, 즉 고통을 해결하는 사제법문四諦法門[21]을 가장 먼저 말씀하셨습니다. 고통의 문제를 해결하는 아함부阿含部 법문을 12년간 말씀하셨습니다.

고통의 문제를 해결하고 나니 당시 인도 사회에서 오래전부터 지속된 네 가지 계급 문제가 등장합니다. 부처님께서는 이런 계

---

20 대각大覺: 도를 닦아 크게 깨달음
21 사제四諦: 고苦·집集·멸滅·도道의 네 가지 진리. '고'는 생로병사의 괴로움, '집'은 '고'의 원인이 되는 번뇌의 모임, '멸'은 번뇌를 없앤 깨달음의 경계, '도'는 그 깨달음의 경계에 도달한 수행을 이른다. 사성제四聖諦·사진제四眞諦라고도 함

급 차이에서 오는 갈등의 한을 풀어주시고자 "모든 현실은 다 원인이 있고 계급 차별은 그럴 원인을 지어 받은 결과이니라." 하시며, 인과응보因果應報에 관한 법문을 말씀하셨습니다. 천민(수드라)이 되는 것은 전생에 나쁜 일을 많이 한 결과이며, 지배층(크샤트리아)이 되는 것은 좋은 일을 많이 한 결과임을 말씀하시어, 나쁜 일을 하지 않고 좋은 일을 하게 하여 마음속 계급의 한(恨, 나쁜 일에 대한 기억)을 풀게 하신 것입니다. 계급 장벽에 대한 한의 문제가 모두 해결되는 8년간의 법문이 방등부方等部에 해당합니다.

사람들이 고통과 마음의 한을 모두 해결하니 그제야 비로소 마음 닦을 생각을 냅니다. 부처님께서는 이 마음을 아시고 본격적으로 마음 닦아 밝아지는 반야부般若部 법문을 21년간 설하십니다. 불교학자들은 금강경을 포함한 반야부의 말씀을 부처님께서 가장 하고 싶으셨던 말씀으로 생각하는 것 같습니다. 반야부 법문을 설하시며 대중들의 번뇌를 대부분 해탈하게 하셨습니다.

이들이 마음을 닦아 번뇌가 모두 해결되니, 부처님께서는 하실 일을 다 하신 듯 마음이 편안해지셨고, 이들이 밝아지고 결국 부처가 될 것이라는 수기를 주시기도 하셨습니다. 이것이 부처님께서 최후로 8년간 설하신 법화열반부法華涅槃部의 법문입니다.

부처님께서는 이처럼 수많은 법문을 설하셨다고 하지만, 이는 당신의 주장이나 철학을 펴는 법문이 아니라 중생들의 물음에 대한 답변의 말씀일 뿐이었기에 "내가 49년 법문을 설했다고 하지만 나는 한마디도 설한 적이 없노라."라고 말씀하셨습니다.

부처님께서는 중생이 물을 때, 밝은 지혜로 중생의 업장을 비추시고 그 사람의 정도에 맞추어 대답만 해 주실 뿐 당신의 주장을 펴시지 않았다는 뜻입니다. 이렇게 당신이 하시고 싶은 말씀을 하는 것이 아니고, 사람이나 상황에 따라 그들에게 알맞게 하는 설법을 수기설법隨機說法이라 합니다. 이것이 보살님의 특징이요, 부처님의 정체성입니다.

밝은이라면 반드시 수기설법을 해야 합니다. 상대를 배려하지 않고 자신의 주장만 펴려는 사람은 결코 밝은 사람이라 할 수 없습니다.

선지식께서는 종종 다음과 같이 말씀하셨습니다.

"부처님께서 팔만 사천이나 되는 많은 법문을 말씀하셨다지만 그것은 부처님의 말씀이 아니다. 다만 중생의 무량한 번뇌일 뿐이다. 부처님께서 무슨 하실 말씀이 있겠는가? 오직 한마디, '나는 밝은 빛이다.'라는 정도가 있었을까?

내가 그대에게 한 이런 말 저런 말 역시 내 소리가 아니라, 그때그때 그대의 업장을 닦는 데 필요한 그대의 소리였다. 다른 사람을 대했다면 나는 그 사람의 업장에 따라 또 달리 이야기했을 것이다. 그러므로 내 말이 어떠한 특징을 가진 것이라고 말하지 말라. 나는 사람의 정도에 따라 그 사람의 환경에 따라 그에 맞게 다르게 말한다."

그래서인지 선지식의 가르침을 받은 사람도 자신의 선입견에 따라 다르게 받아들입니다. 닦는이 중에는 '매일 금강경을 7독 하라고 하셨다.' '아니다. 금강경 7독에 집착하지 말라고 하셨다.' '아침저녁으로 1독 하라 하셨다.' 하는 사람이 있습니다. '금강경의 가르침은 기독교의 가르침과는 완전히 다른 가르침이라 말씀하셨다.' 또는 '아니다, 선지식께서는 알고 보면 기독교와 불교는 다르지 않다고 하셨다.' 하는 사람도 있습니다.

사람들의 주장이 각각 다르다 하여도, 선지식께서 밝게 해 주시려 말씀하신 금강경의 진리가 수시로 변하지 아니함은 물론입니다.

선지식께서는 그 사람의 근기[22]나 수행 정도, 또는 주변 환경에 맞게 한 맛의 진리를 상대에 따라 다르게 말씀하셨는데, 사람들은 자기에게 해 주신 처방의 말씀만을 최고의 진리라 판단하는 것입니다.

---

22 근기根機: 교법敎法을 받을 수 있는 중생의 능력

보살의 법식

실무유법이면 명위보살이라 할 수 있습니다.

보살은 사람과의 갈등에서 발생하는 증오심이 바로 상대가 아닌 나의 색안경에서 오는 자신의 분별심임을 잘 알기에 상대를 원망하지 않습니다. 그것이 착각임을 알고 그 생각을 바쳐 소멸합니다. 보통 사람들은 그 증오심이 상대에게서 오는 것이라 생각하여 원망하고 심지어는 상대를 제거하려 합니다.

보살은 증오심이 자신의 마음임을 아는 일체유심조를 깨쳐서, 이것이 착각이요 본래 없음을 아는 공의 진리까지도 깨칩니다. 이때 증오심이 사라지고 마음에 평화와 안정을 얻게 됩니다. 또 이때 알아지는 지혜로 상대와 내가 다르지 않다는 진리를 깨치며, 남을 내 몸처럼 사랑하게 되고 마음은 한없이 너그러워집니다.

보살은 증오심이 각종 재앙의 원인이고 착한 마음은 무량복을 불러옴을 실감하며, 재앙은 소멸하고 소원을 이룹니다.

보살은 자신의 마음이 길흉화복을 만든 장본인임을 알고, 내 마음은 산하대지山河大地를 만든다는 뜻도 알게 됩니다. 자신의 마음이 모든 것을 다 이룩하며 자신은 시시각각으로 소원을 성취하는 위대한 존재라는 것을 알게 됩니다. 보살은 이처럼 일체유심조의 진리에 입각하여 사물을 보기에, 중생과는 다른 탁월한 지혜의 세계에 돌입할 수 있습니다. 일체유심조의 사고 체계는 보살의 법식이요, 부처님의 정체성이라 하겠습니다.

보살이 공空의 사고방식에 익숙해질 때 모든 부자유에서 벗어나 큰 자유를 얻고, 각종 무지에서 벗어나 큰 지혜를 얻습니다. 이 지혜는 불이의 진리를 실감하게 하여 물건과 내가 둘이 아님物我一如, 너와 내가 둘이 아님自他不二을 발견하게 되며 부처님과 자신이 둘이 아님을 깨닫게 됩니다. 마침내 부처님께서 모든 것을 구족하시듯 자신도 다 구족함을 실감합니다.

구족의 진리를 깨달은 보살은 사람을 대할 때 구하기보다 도와주려 할 것이며, 난관을 대할 때 착각이요 본래 없음을 알고 난관을 소멸할 것입니다. 또한 보살은 아상이 없으므로 설법할 때 자신의 주장을 세우지 않고 상대에 알맞은 수기설법을 할 것입니다.

중생과 보살의 법식을 다음과 같이 정리해 보았습니다.

〈중생과 보살의 법식〉

	중생衆生	불보살佛菩薩
사고방식	■ 마음 밖에 사람과 사물이 실제로 존재 ■ 유법有法	■ 내 생각은 모두 착각이다. ■ 실무유법實無有法 ■ 일체유심조, 공, 불이, 구족
대화방식	■ 자신의 주장을 내세워 상대를 설득하려 함	■ 상대의 처지와 상태에 알맞은 수기설법
난제해법	■ 정신 바짝 차리고 긴장함 ■ 대처 방법을 심사숙고 ■ 각종 정보와 데이터 수집	■ 난제의 두려움이 착각임을 알고 부처님께 바친다. ■ 이때 마음이 안정되며 알아지는 지혜로 대처
성공전략	■ 전력투구 및 간절한 기원	■ 당연히 된다는 자신감으로 자연스럽게 성취
경영원칙	■ 자신·가족·직장이 잘 되기를 바람 ■ 주고 받음(Give and Take)	■ 모든 사람을 이롭게 함 ■ 베푸는 것이 곧 받는 것
대인관계	■ 자기 과시 ■ 나를 도와줄 수 있는 사람인가?	■ 상대 배려 ■ 내가 어떻게 도와줄 수 있을까?
수도목적	■ 열반의 세계 진입	■ 부처님 기쁘게 해드리기 위하여

3장

밝은이가 해석하는 금강경

혜능대사도 예찬한 금강경 독송

이미 말씀드린 것처럼 나는 20세 미만의 어린 나이에 부처님의 가르침을 만났고, 가르침을 만나자마자 경전 공부를 무척 좋아하게 되었습니다. 소승경전은 물론 대승경전인 금강경을 비롯해서 법화경, 뒤늦게 경전 중의 경전이라는 화엄경까지 닥치는 대로 공부하였습니다.

대승경전에는 '이 경을 수지독송하는 사람은 무량무변 불가사의한 공덕을 얻을 것이다.'라는 표현이 자주 등장하곤 합니다. 경전을 수지독송하여 무량한 공덕을 얻는다는 것은 즉, 크게 깨쳐 부처님의 경지에 오른다는 이야기일 것입니다.

처음에는 이 매력적 말씀에 끌려서 한때 금강경을 열심히 독송한 적도 있습니다. 그런데 금강경을 독송하면서 몇 가지 의문이 꼬리를 물고 발생하였습니다.

뜻을 모르고 독송을 해도 무량공덕을 얻고 깨달음의 세계에 도달할 수 있을까?

설사 뜻을 알고 독송을 한다고 하여도 독송하는 것만 가지고서 깨달음의 세계, 밝은 세계에 도달할 수 있을까?

그 뒤 화엄경을 공부하게 되면서 수행에는 신해행증信解行證의 4단계가 있음을 알았습니다.

"금강경을 공부하려는 사람은 우선 금강경의 내용을 믿어야 한다(信). 그다음에 그것을 올바르게 해석해야 한다(解). 그다음에는 그것을 실천해야 한다(行). 실천한 결과는 반드시 깨달음으로 이어지는데, 그 깨달음이 제대로 된 깨달음인지 밝은 선지식께 점검받고 인정을 받아야 한다(證)."

이것이 금강경의 신해행증으로, 수행의 4단계임을 알게 되었습니다.

또 육조단경에서 혜능대사는 "금강경을 부지런히 독송하라. 반야행般若行을 행하라. 그래서 속히 견성하도록 하라." 하셨습니다.

반야행이라 하면 금강경 실천인 것 같은데, 그 반야행은 어떻게 하는가?

내 지혜로는 반야행이 어떤 것인지, 금강경 실천법이 어떤 것인지 전혀 알 길이 없었습니다. 무량공덕의 매력에 끌려 전공 공부를 뒷전으로 하고 금강경 독송에 심취했던 대학생 시절, 결국 경에서 말씀하는 무량공덕 근처에는 가보지도 못하고 금강경 독송을 그만두게 되었습니다.

다행히 몇 년 후 선지식을 만나 금강경의 신해행증을 공부할 수 있었습니다. 선지식께서는 아침저녁 금강경을 독송하게 하셨습니다.

"아침 금강경 독송은 하루 종일의 재앙을 소멸하고, 저녁 독송은 저녁부터 다음 날 아침까지의 재앙을 소멸한다. 뜻을 반드시 알려고 하며 독송하고 경의 내용을 실천하라."

선지식께서는 금강경 3분 대승정종분大乘正宗分에서 '아개영입무여열반我皆令入無餘涅槃 이멸도지而滅度之'를 무슨 생각이든지 부처님께 바쳐 그 생각을 소멸하는 것이라고 해석하셨습니다. 이러한 선지식의 말씀을 듣고서 비로소 그동안 궁금하게 여겼던 금강경 실천 방법이 있다는 것을 알게 되었고, 금강경 실천이란 바로 육조단경에서 혜능대사가 말씀하시는 반야행일 것이라 생각하였습니다.

선지식이 해설하는 금강경 3분

국내 최대 책방인 K 문고의 불교 서적 코너에 가면 금강경 해설서가 가장 많이 눈에 띕니다. 금강경 해설서만 하여도 몇십 권이 될 것 같습니다. 나는 해설서를 대할 때마다 '만일 밝은 도인이 금강경을 해설하셨다면 어떻게 해설하셨을까?' 종종 생각해 보곤 하였습니다.

앞 장에서 깨친이, 즉 보살의 법식과 부처님의 정체성으로 일체유심조, 공, 불이, 구족 그리고 수기설법 등 몇 가지 특징을 말씀드렸습니다.

만약 밝은 도인(보살)이 금강경을 해설하신다면 어떤 해설을 하실까? 아마 그 해설은 불교 서적 코너에 꽂혀 있는 수많은 해설서와는 판이하게 다를 것이 분명합니다. 보살의 사고방식이 중생의 사고방식과 사뭇 다르듯, 보살의 해설은 보통 해설과는 판이한 해설이 될 것임이 틀림없습니다.

우선 보살은 보통 사람처럼 자신을 드러내고 독자를 많이 확보할 마음, 즉 이기적 목적으로 책을 쓰지 않을 것임은 분명합니다. 책을 쓰되 신심이 있는 사람들의 간절한 요청이 있을 때 마지못해 쓸 것입니다. 또는 설사 사람들의 부탁이 없는 경우라도 여러 사람의 진정한 행복과 신심 발심을 위하여 꼭 필요하다고 생각할 때 책을 쓸 것입니다. 보살은 자신을 드러내려는 아상은 일체 없는 반면에, 부처님의 뜻을 잘 받들어 부처님을 기쁘게 하려는 신심은 매우 크기 때문입니다.

보살은 한자로 된 금강경을 해설하는 경우 전문용어가 담긴 해석, 즉 직역을 하지 않을 것이 분명합니다. 부처님의 말씀은 일상생활 중 일어나는 각종 고난에 대한 처방이며, 그 처방은 대부분 사람의 상식에서 크게 벗어나 있지 않음을 잘 알기 때문입니다. 그리고 보살은 원전인 산스크리트어를 인용하며 자신의 해설이 타당하다고 주장하지도 않을 것입니다. 내용을 잘 모르는 사람이 원전을 인용해 자신의 주장을 합리화시키는 경우가 대부분이기 때문입니다.

보살은 사람이나 사물의 겉만 보지 않고 이면의 모양을 보는 일체유심조의 진리, 그 이면을 보는 자신의 견해 역시 공空이라는 진리를 깨치셨기에 사람과 사물을 보되 실상[1]의 모습을 정확히 봅니다. 따라서 경經 중의 난해한 구절을 명쾌하고 시원하게

---

1 실상實相: 실제의 모양이나 상태

풀어낼 수 있을 것입니다. 또 보살은 공空을 깨치셨기에 자신의 어떤 주장도 참이 아닌 줄 알고, 자신의 주장을 펼치려 하지 않고 독자 수준에 맞추어 수기설법할 것입니다.

보살은 부처님에 대한 깊은 신심으로 사람들이 늘 신심 발심하는 마음을 내도록 해설할 것입니다. 따라서 도인의 해설서를 대하면 사람들은 당연히 신심이 나고 발심이 되어 결국 부처님의 세계로 들어가게 될 것입니다.

부처님께서는 금강경 3분에서 밝아지는 방법, 즉 아누다라삼막삼보리를 깨치는 방법, 부처가 되는 방법을 다음과 같이 본격적으로 말씀하셨습니다. 우선 경의 내용을 직역합니다.

제보살마하살 응여시항복기심
諸菩薩摩訶薩 應如是降伏其心
소유일체중생지류 약난생 약태생 약습생 약화생
所有一切衆生之類 若卵生 若胎生 若濕生 若化生
약유색 약무색 약유상 약무상 약비유상비무상
若有色 若無色 若有想 若無想 若非有想非無想
아개영입 무여열반 이멸도지
我皆令入 無餘涅槃 而滅度之
여시멸도 무량무수무변중생 실무중생 득멸도자
如是滅度 無量無數無邊衆生 實無衆生 得滅度者

하이고 수보리 약보살 유아상인상중생상 수자상 즉비보살
何以故 須菩提 若菩薩 有我相人相衆生相 壽者相 卽非菩薩

보살마하살은 응당 이렇게
그 마음을 항복시켜야 하나니,
이른바 세상에 있는 온갖 중생인
난생, 태생, 습생, 화생, 유색, 무색,
유상, 무상, 비유상비무상을
내가 모두 제도하여
무여열반에 들도록 하리라 하라.
이와 같이 한량없고 가없이 많은 중생을
다 제도하였다 하여도
실로 제도 받은 중생이 없느니라.
그 근거로 만일 보살이
아상 인상 중생상 수자상이 있으면
보살이 아니기 때문이다

이처럼 경전의 말씀을 글자 그대로 해석하였을 때는 밝아지는 방법, 즉 금강경 실천법이 대단히 이해하기 어렵고 실천하기는 더욱더 불가능하다고 생각하지 않을 수 없습니다.

우선 제도하여야 할 중생의 수요가 굉장히 많습니다. 지구상에 인류만 하여도 76억이 되는데, 사람 말고도 닭이니 새니 하는 난생까지 합치면 100억도 훨씬 넘는 천문학적 숫자가 될 것입니다. 약태생, 사람도 태생胎生이지만 사람 아닌 태생이 얼마나 많습니까? 개, 소, 말 등 가축은 물론 호랑이 사자 등 그 수효는 매우 많습니다. 약습생若濕生, 물고기처럼 습한 곳에서 사는 것, 그 숫자까지 합치면 그 수효는 정말 초천문학적 숫자가 될 것입니다. 게다가 약화생, 약유색, 약무색, 약유상, 약무상 등을 다 포함하면 그 수가 얼마나 많습니까?

그런 많은 수의 중생을 다 제도해서 무여열반에 들도록 하라는 것입니다. 즉, 부처님을 만들라는 것입니다. 친한 가족을 교화시켜 부처님처럼 변화시키는 것도 매우 어려운 일인데, 한량없고 끝도 없는 중생을 제도하여 부처님으로 만드는 것은 도저히 불가능합니다.

수많은 중생을 부처님 만드는 것도 불가능하지만, 설사 다 만들었다고 가정해 봅니다. 만일 모든 중생을 부처로 만들었으면 '나는 수많은 중생을 부처님 만들었으니까 곧 도통해서 부처가 될 것이다.'라는 희망을 가질 수 있을 것입니다. 그러니 '한량없고 끝없는 중생을 다 제도했지만 실제로는 한 중생도 제도 받은 자가 없느니라.'라는 해석은 더욱이 잘못된 해석이거나 보통 사람의 지혜로 알아듣지 못하는 해석이 됩니다.

그런데 '한 중생도 제도 받은 자가 없느니라.' 하는 이유가 '만약 어떤 보살이 아상 인상 중생상 수자상이 있으면 보살이 아니기 때문이다.'라는 것입니다. 이러한 금강경의 해석은 보통 사람의 지혜로는 도저히 이해할 수 없는 해석이라 하겠습니다. 이해할 수 없으니 믿지 못하고, 믿지 못하니 실천할 수도 없습니다.

부처님께서는 이런 믿지 못할 말씀은 하지 않으셨을 것입니다. 잘 이해하여 믿음을 내게 하고 실천 가능하게 말씀하셨을 것이 분명합니다.

지혜가 밝은 선지식의 해석은 어떠할까요?

"배은망덕한 마음은 알로 까는 보를 받는다(난생). 태생은 태胎로써 부모에게 의지하고 있다가 탯줄을 끊고 출생하는데, 의지하는 마음이 태생의 보를 받는다. 난생을 닭이니 새니 이렇게 해석하지 말고 우리 마음속에 배은망덕한 마음으로 해석하고, 태생은 젖먹이 짐승으로 해석하지 말고 남한테 의지하는 마음으로 해석해 보자.

'아개영입무여열반 이멸도지'는 '이런 마음을 모두 부처님 만들겠다고 하라.'가 되는데, 다시 말하면 이렇다. 마음속에 배반하는 마음, 또는 남을 의지하는 마음이 떠오르거든 그 마음을 '부처님' 하는 마음으로 바꾸어라. 마음속에서 올라오는 모든 분별심을 '부처님' 하는 마음으로 바꾼다면 분별심이 있던 마음속 그 자리에 부처님이 대신 들어와 분별심을 사라지게 한다."

이러한 선지식의 해석은 곧 밝은이가 금강경을 실천 가능하도록 해석하는 것과 같습니다. 선지식은 우리에게 이렇게 실천법의 길을 열어 주십니다.

"온갖 떠오르는 생각, 배은망덕한 마음, 의지하는 마음 등을 다 부처님께 바쳐라."

이러한 해석으로 그간 난해했던 해석을 일목요연하게 정리할 뿐만 아니라, 금강경의 실천이 가능합니다. 이 실천이 바로 6조 혜능대사가 말씀하신 반야행임을 실감하게 됩니다.

부처님이라면 금강경 3분을 다음과 같이 실천 가능하게 하시어 밝아질 수 있도록 명쾌하게 해석하실 것이 분명합니다.

"그대들 마음속에 올라오는 생각들 중 가령 배반하는 마음, 배은망덕한 마음(난생)이 있다면 그 생각을 부처님께 바쳐라. 또 남에게 의지하고 싶은 생각은 태생, 숨거나 피하고 싶은 생각은 습생, 잘난 척하며 자신을 드러내고자 하는 마음은 화생化生이 되는데, 이런 가지가지 생각이 떠오를 때마다 그 모든 생각을 다 부처님께 바쳐라."

이처럼 올라오는 가지가지의 생각을 다 부처님께 바친다면 실무중생 득멸도자實無衆生 得滅度者가 된다는 것입니다. 즉 한 중생도 제도 받은 자가 없다는 말씀입니다.

한 중생도 제도 받은 자가 없다는 것은 마음 밖에 몸뚱이가 존재하는 중생이 없다는 뜻도 되지만, 마음속 중생인 분별심 역시 착각이요, 본래 없음을 깨닫게 된다는 것입니다.

다음은 그 이유를 설명하십니다. "약보살 유아상인상중생상수자상 즉비보살若菩薩 有我相人相衆生相壽者相 卽非菩薩, 만일 보살이 아상 인상 중생상 수자상이 있으면 보살이 아니기 때문이다."

아상我相이란 무엇인가? 탐심 내고 진심 내고 치심 내는 놈이 바로 아상입니다. 각종 분별심을 일으키는 놈이 아상입니다. 다시 말해 아상이라 하는 놈(분별심)이 마음 밖에 몸뚱이 있는 중생도 만들고, 마음속 중생도 만드는 장본인입니다.

아상을 소멸하면 마음 밖 삼라만상이 아상이 만들어 낸 허상임을 알게 될 뿐 아니라, 인연 맺은 가족, 친구, 스승 등도 역시 허상이며 또한 죄와 복, 지옥과 천당 등 모든 것이 아상이 만들어 낸 허상임을 알게 될 것입니다.

또 아상이 소멸하여 각종 존재가 허상임을 깨닫게 되므로 재앙이 소멸되고 소원을 성취함은 물론, 운명적인 길흉화복吉凶禍福을 마음대로 하며 산하대지를 마음대로 움직이는 진리를 깨달아 무상無常의 사바세계를 떠나 불생불멸不生不滅의 부처님 세계로 들어가게 될 것입니다.

금강경 3분 현실에의 응용

내가 선지식을 처음 만날 당시 육군 공병단에서 육군 소위로 군 복무를 하고 있었습니다. 공병대 장교의 일이란 각종 군 공사에 투입되는 부하 사병들이 공사를 잘하도록 지휘 감독하는 일이었습니다. 공사를 지휘 감독하려면 상당한 체력과 지도력이 필요합니다. 어렸을 때부터 몸이 약했고 정신력 또한 스스로 강하지 않다 생각하였지만, 군 생활은 육체적으로 정신적으로 매우 힘들었습니다. 육체적 괴로움 때문에 수시로 코피를 쏟았으며, 부족한 지식과 리더십으로 말미암아 사흘이 멀다 하고 갈등과 충돌이 일어나기 일쑤였습니다. 나의 군 생활은 그야말로 지옥이었습니다.

그런데 당시 한 가지 이상한 것은, 나와 같이 임관한 학군 출신 동기생들은 힘든 군 생활을 어려워하지 않았습니다. 정신적 육체적 능력이 나보다 별로 나은 것 같지 않은데, 어떻게 나보다 훨씬 수월하게 하는지 궁금했습니다.

  선지식을 만나 금강경 공부로 세상을 보는 안목이 바뀌고 나서야 그 이유를 깨달았습니다.

  "제대가 몇 달 남았나? 며칠 남았나?" 하며 매일같이 제대 날짜를 손꼽아 기다리는 나의 사고방식이 각종 고통을 불러왔던 것입니다. 괴롭다고 생각하면 각종 괴로운 사건이 생기는 것이요, 또 행복하다고 마음먹으면 각종 즐거운 일들이 발생하는 것을 알게 되었습니다. 일체유심조의 원리를 모르던 군 생활은 곧 지옥이었는데, 일체유심조를 이해하고 실생활에 적용하니, 군 생활이 덜 고달프고 즐겁게 바뀌었습니다.

  당시 ○○ 야공단에서 군 복무를 하던 우리 동기생은 10여 명 정도였습니다. 어려운 일이 있을 때 동기생을 만나는 것은 유일한 낙이었습니다. 서로 괴로움을 호소하기도 하고 유익한 정보를 교환하기도 하였습니다. 어느 날 인접 부대에서 근무하던 동기가 자신이 아끼는 반지를 나에게 보여주면서, 마치 선물이라도 주듯이 "이 반지 네가 끼고 있어라." 하였습니다.

  하루는 내 반지가 좋아 보였는지, 같은 부대에 있던 한 계급 높은 ○ 중위가 잠시 반지를 빌려 달라고 하였습니다.

  "김 소위, 잠시 내가 그 반지를 껴볼 수 있을까?"

  다소 불안한 느낌이 들기도 하였지만 잠시라는 말에 거절하기 힘들어 반지를 빌려주었는데, 며칠이 지나도 전혀 돌려줄 기미가 보이지 않았습니다.

빌려 간 반지를 떼어먹는 것이 아닌가 하는 불안한 생각을 금할 수 없었습니다. 학생 때 나에게 물건을 빌려 간 친구에게 몇 번인가 물건을 떼였던 기억이 되살아났기 때문입니다.

"O 중위님, 그 반지는 실은 제 반지가 아니고 동기생이 잠시 빌려준 반지인데 돌려주어야 합니다. 어서 돌려주시지요."

나는 참다못해 그에게 정식으로 돌려 달라고 요청하였습니다.

아주 준 것이 아닌 반지, 그것을 돌려 달라는 것은 지극히 상식적이고 당연합니다. 그러나 그 사람은 빙글빙글 웃으며 반지를 돌려줄 생각이 전혀 없었습니다. 그런 사람에게 자꾸 돌려 달라는 요청을 한다면 결국 그와 싸움을 하게 될 것이 분명했습니다. 싸우지 않고 돌려받는 길이 무엇일까? 한참 망설이던 끝에 선지식께 여쭈었습니다.

'선지식께서는 이 질문에 무어라 답하실까? 어째서 초등학생 같은 질문을 나에게 가져오느냐, 네가 알아서 처리하라 하실까?'

"반지를 돌려 달라 요청하지 말고, 돌려받고 싶은 마음을 부처님께 바쳐라."

선지식께서는 나의 생각과는 영 동떨어지게 답하셨습니다.

"반지를 돌려받고 싶은 생각을 바친다면 반지를 되돌려 받을 수 있을까요?"

전혀 믿어지지 않았기에 하는 질문이었습니다. 세상 사람들이 들으면 참으로 유치할 질문을 계속하였습니다.

"그 생각을 잘 바친다면, 그 사람은 정신없이 반지를 가지고 너에게 달려올 것이다."

나는 선지식의 그 말씀을 고지식하게 믿고 반지를 되찾고 싶은 마음을 부처님께 바치려고 노력하였습니다. 반지를 되돌려 받고 싶은 마음을 포기하니 마음은 참 편해지는데, 과연 그 마음을 바침으로 선지식의 말씀처럼 반지를 정신없이 가져오는 일이 가능한 일일까요?

바치는 공부를 계속하였지만, 반지를 빌려준 지 한 달이 지나도록 돌려준다는 소식은 감감하기만 하였습니다. 이렇게 되니 선지식의 말씀이 틀렸다는 생각도 들고 내가 제대로 바치지 못했다는 생각도 들면서 '반지를 되돌려 달라고 할까, 말까?'를 수도 없이 되풀이하였습니다. 한편으로는 그런 마음이 들 때마다 열심히 부처님께 그 마음을 바쳤습니다.

어느 순간, 반지 받기를 포기하는 마음이 들었습니다. 그러자 놀랍게도 O 중위는 즉시 반지를 돌려주는 것이었습니다. 며칠 전까지 전혀 반지를 돌려줄 기미를 보이지 않던 그가 어째서 반지를 그리 속히 가져오게 되었나? 얼마 후 반지를 돌려받게 된 사실에 대한 전모를 알게 되었습니다.

선지식의 점검

선지식께서 반지 사건을 시원하게 풀이해 주셨습니다.

"반지를 잠시 빌려 달라던 상급자는 빌리는 순간 아예 돌려줄 생각이 없었다. 네가 반지를 되돌려 달라고 말하려 하였을 때 내가 말린 것은 바로 이 때문이다. 네가 요구하는 힘만으로는 도저히 상급자의 마음을 움직일 힘이 없다면 어떻게 해야 하나? 이때가 바로 그 반지에 대한 애착심을 부처님께 바칠 때이다. 사람들은 부처님께 바치는 것만으로 어떻게 상급자의 마음을 움직여 반지를 되돌려 받는단 말인가 하고 의심한다. 부처님께 바쳐 얻어지는 힘이 그렇게 막강하다고 믿지 않는다.

반지에 대한 애착심이란 무엇인가? 반지에 마음을 잔뜩 붙여놓은 것을 의미한다. 이는 마치 너의 손과 발을 반지라는 물건에 묶어 놓아 자유로이 쓸 수 없게 만드는 것과 같다. 손발이 묶여 아무 힘을 쓸 수 없을 때 반지를 되돌려 달라 한들, 힘이 없는 너의 말이 무슨 위력을 발휘할 수 있겠느냐?

반지에 대한 애착을 부처님께 바치라는 것은 무슨 뜻인가?

반지에 묶인 손발을 풀라는 것과 마찬가지이다. 반지에 대한 애착을 부처님께 바쳐 해탈한다면 이는 마치 묶인 손발을 자유롭게 쓸 수 있어 큰 힘을 발휘할 수 있게 됨을 의미한다. 이때 너의 말은 그 누구도 듣지 않을 수 없게 된다. 반지에 대한 애착을 부처님께 바친 결과 부처님 광명이 임하게 되고 그 순간 그 반지는 네 것이 아닌 부처님의 반지가 되는 것이다. 부처님의 반지가 되는 순간 감히 그 누가 반지를 가지겠느냐?"

사람과 반지에 붙은 마음을 떼어 반지를 움직일 수 있게 되었다는 것은 무엇을 의미할까요?

물건에 붙은 애착의 마음을 떼어서 물건을 마음대로 할 수 있게 된다면, 어떤 일이 일어날까요?

마음이 붙는 범위를 확대하여 모든 사람과 사물에 붙은 마음을 다 떼어낼 때 어떤 현상이 일어날까요?

이일체제상離一切諸相 즉명제불即名諸佛, 모든 상을 떠난 것이 곧 부처님이라는 금강경 속의 표현처럼, 모든 대상에서 붙은 마음을 다 떼어낼 수 있다면 곧 부처님의 위력이 나에게 임합니다.

모든 것을 자신의 마음대로 움직일 수 있는 부처님의 위력을 발휘하게 됩니다. 붙은 마음을 떼는 범위가 더 넓어질수록 길흉화복을 자신의 마음대로 할 수 있고, 산하대지도 자신의 마음대로 움직일 수 있는 경지에 이르게 됩니다.

여기서 마음이라 하였습니다만 마음에는 여러 가지가 있습니다. 사물을 인식하거나 이해하는 식識도 그중 하나입니다. 색성향미촉법을 보는 마음은 안식·이식·비식·설식·신식·의식 등으로 현재의식, 6식이라고 합니다. 그런데 우리 마음에는 현재의식만 있는 것이 아니라 잠재의식도 있는 모양입니다. 잠재의식만 있는 것이 아니라, 더 속 깊은 곳에 불성佛性이 있다고 부처님께서는 말씀하십니다.

무엇이 잠재의식이냐? 우리나라 속담에 열 길 물속은 알아도 한 길 사람 속은 모른다는 말이 있습니다. 열 길 물속은 겉마음, 즉 현재의식을 말하는 것이고 모른다는 한 길 사람 속이란 속마음, 즉 잠재의식입니다.

현재의식, 즉 안식, 이식, 비식 등 6식의 겉마음은 색성향미촉법에 붙어 알음알이를 내다가 그것을 부처님께 바치면 속마음이 드러납니다. 현재의식을 겉마음이라 한다면 잠재의식을 속마음이라 해도 좋을 것입니다. 사람의 속마음, 이것은 곧 7식입니다.

평소에 아주 부드럽게 느껴졌던 사람도 꿈속에 가끔 무서운 얼굴로 등장합니다. 이때 사람들은 저 부드러운 사람이 어째서 꿈속에는 그리 두렵게 보일까? 의아해합니다. 부드러운 얼굴이 그의 겉마음이라면 꿈속에 보이는 무서운 얼굴은 자신의 선입견을 소멸한 지혜로 보는 상대의 속마음이요, 정확히 말하면 그와 맺은 전생의 업보라 할 것입니다.

주위 환경에 민감하게 영향을 받는 현재의식은 마음대로 할 수 있는 것이 하나도 없습니다. 현재의식은 무력하기 짝이 없습니다. 왜냐하면 우리가 아무리 간절히 원한다 하여도 원하는 대로 되지 않기 때문입니다. 주위 환경에 민감하게 영향을 받아 수시로 흔들리는 마음은 무엇을 이루는 힘이 되지 못합니다. 그러나 우리의 잠재의식은 모든 것을 이루는 힘이 있습니다. 주위 환경에 영향을 받지 않기 때문입니다.

현재의식은 변덕스럽기에 아무것도 이루지 못하지만, 잠재의식은 변덕스럽지 않기에 원하는 그대로 모든 것을 성취할 수 있습니다. 시시각각으로 소원 성취하거나 길흉화복을 만드는 것은 우리의 현재의식이 아니라 잠재의식입니다.

그러면 보살의 마음은 어떤 마음일까요?

보살의 마음은 현재의식처럼 변덕스럽지도 아니하고 잠재의식처럼 이기적도 아닙니다. 모든 상相을 떠나 불성이 드러난 마음, 이것이 보살의 마음입니다. 보살은 모든 사람과 사물에 붙은 마음을 다 떼어내신 분이기에 부처님처럼 길흉화복을 좌지우지하고 산하대지를 마음대로 배치합니다.

석가여래가 이 땅에 오실 때 어떤 부모를 택했느냐? 부모로서 가장 정직하고 순수한 분을 택했다는 이야기가 경전에 나옵니다. 부처님 같으신 분은 태어나실 때 그냥 오시는 게 아니라 부모도 마음대로 선택해서 오신다는 것입니다.

실제로 도인이나 보살도 태어나기 전부터 부모를 택하고, 형제도 처자도 다 택해서 온다고 합니다. 친구도 스승도 심지어는 죽을 날까지 자기가 스스로 택합니다. 도인은 자기 마음대로 인생을 꾸밉니다.

부처님께서는 화엄경에서 세상에 존재하는 사람 사물 모두 그대 마음이 만들고 그린 것, 길흉화복은 물론 산하대지도 그대 마음이 그려낸 허상이며 이 세상에 존재하는 모든 것, 그대 마음이 그려내지 않은 것이 하나도 없다고 하셨습니다.

    심여공화사 心如工畵師
    능화제세간 能畵諸世間
    오온실종생 五蘊實從生
    무법이부조 無法而不造

마음은 무엇이든 만들어 내고 그려 내는 달인
사람, 사물 등 세상의 모든 것을 다 그려 낸다.
정신적인 것은 물론 물질적인 것도 다 마음이 그려 낸 것이다.
이 세상에 모든 것은 다 마음이 만들지 않은 것이 없다.

비유하면 극본을 잘 쓰는 사람이 영화도 만들고자 하여, 극본을 쓰고 제작, 감독까지 합니다. 감독으로서 극본에 쓴 대로 배역을 정해서 배우를 뽑고 촬영해서 멋진 영화를 만듭니다.

이 영화에서 부모 형제는 실은 감독인 자신이 정한 배우가 역할을 맡은 것뿐입니다. 영화를 재미있게 하려고 사랑이 등장하고 원수가 등장합니다. 생존 경쟁 끝에 승리하는 영웅호걸이 나와서 역사에 남을 유명한 이야기를 합니다. 사랑하는 사람, 원수, 영웅호걸의 배역과 그들의 말, 배경, 스토리 등 모두 자신이 대본을 쓰고 자신이 감독하는 것입니다.

자신도 그 영화의 주인공으로, 또는 조연으로 등장하며 울고 웃고, 각종 일을 다 합니다. 모두 다 자신이 쓴 극본에 의해 진행됩니다.

보살과 중생은 어떻게 다를까요?

보살은 자신이 쓴 극본에 의해 이 세상이 전개됨을 알고 세상을 살고, 중생은 자신이 쓴 극본에 의해 이 세상이 진행된 줄 모르고 세상을 산다는 점이 다릅니다.

그러나 중생도 인생에 등장하는 여러 사람들, 가령 부모 형제 처자 등이 참이 아닌 줄 알고 희로애락의 각종 분별심을 부처님께 다 바치다 보면 결국 바칠 것이 없는 자리에 도달하게 됩니다. 이때 비로소 중생의 마음이 도인의 마음으로 변화하게 되며, 이 세상이 참이 아니라 자신이 극본을 쓰고 감독하고 연출한 것임을 알게 됩니다.

이 세상이 자기 마음의 그림자라고 알고 세상을 산다면 그에게는 어려운 일이 하나도 없습니다. 모든 불행은 일시에 사라집니다. 모든 무지 무능이 다 허상임을 알게 되며, 자신은 돌아온 탕자임을 비로소 깨닫고 부처님 세계로 들어가게 될 것입니다.

#02

종교의 참뜻

4장

정법正法과 사법邪法

정법이란 무엇인가?

　세상에는 수많은 가르침이 있습니다. 대부분 세상을 사는 데 도움이 되거나 필요하고, 몸과 마음을 보호하고 편안하게 하는 가르침입니다. 대학에서 배우는 전문지식, 평생교육원에서 배우는 각종 지식 역시 그런 가르침입니다.

　그러나 세상에는 현세에 잘 먹고 잘사는, 즉 이기적인 목적을 달성하기 위한 것이 아닌 가르침도 있습니다. 인격을 향상시키는 가르침, 아상我相을 소멸하고 영원한 삶을 추구하는 가르침입니다. 하늘의 뜻을 잘 받들며 수신修身 제가齊家한 연후에 치국治國 평천하平天下[1]하라는 유교의 가르침, 모든 사람을 자신의 몸처럼 사랑하라는 예수님의 가르침이 그러하고 제법諸法이 무아無我[2]임

1　수신제가치국평천하修身齊家治國平天下: 심신을 닦고 집안을 정제整齊한 다음 나라를 다스리고 천하를 평정함. 유교 경전 『대학大學』에 나오는 말
2　제법무아諸法無我: 모든 존재는 고정된 실체로써 존재하는 것이 아니며, 우리

을 깨쳐 생사 해탈하라는 부처님의 가르침이 그러합니다.

영원한 스승 석가여래께서는 사람에 따라 또 그가 처한 환경에 따라, 고통의 삶에서 벗어나 영생을 사는 다양한 가르침을 주셨습니다. 석가여래께서 꼭 하시고 싶으신 말씀이 있어도, 어쩔 수 없이 사람들의 정도나 처한 환경에 알맞은 말씀을 하실 수밖에 없으셨습니다. 그러나 후학들은 부처님께서 꼭 하시고 싶은 말씀이 무엇인지 모르기에, 자신의 견해대로 '부처님의 참뜻은 이것이다.' 하면서 여러 종파를 형성하게 되었습니다.

오랜 세월이 흐르며 부처님께서 말씀하신 가르침은 문화와 환경에 영향을 받아, 수많은 수행법이 새롭게 탄생하였습니다. 현재 우리나라에는 마음을 안정시키고 지혜를 얻을 수 있는 참선, 염불, 간경看經³ 수행 등이 있습니다.

대체로 사람들은 자신이 믿는 가르침을 최고라 생각합니다. 참선 수행이 최고라 믿는 사람들은 참선 수행만이 정법이요, 다른 가르침은 비록 부처님께서 말씀하신 가르침이라도 정법이 아니고 사법이라 생각합니다. 또, 깨친이가 보기에는 부처님 뜻과는 전혀 다른 경우에도, 어떤 사람들은 자기가 믿는 가르침만이 진정한 불교이며 밝아지는 정법이라 생각합니다.

가 생각하는 본질적인 자아 또한 사실은 실체가 없는 것임
3   간경看經: 불경을 보는 것. 원래는 불경을 소리내어 읽는 것과 상대되는 말. 지금은 소리로, 눈으로, 마음으로 읽는 것을 모두 포함하는 말로, 독경과 같은 뜻으로 사용

정법은 가르침을 따를 때 불행한 사람이 행복하게 변하고 무지 무능한 사람이 능력 있고 지혜롭게 변하며 영생을 살 수 있습니다. 반면 삿된 가르침을 따르는 사람은 결코 밝아질 수 없고 구원받을 수 없음은 물론, 심지어는 악도에 떨어질 수 있다고 생각합니다.

수많은 가르침 중 과연 어떤 가르침이 밝아지는 가르침이며 참된 정법인지, 삿된 가르침인지 보통 사람의 지혜로는 도저히 갈피를 잡을 수 없게 되었습니다.

어떤 가르침이 정법일까요?
부처님께서 정법과 사법에 관한 구분을 금강경 26분에 좀 더 실감 나게 규명하십니다.

    약이색견아 若以色見我
    이음성구아 以音聲求我
    시인행사도 是人行邪道
    불능견여래 不能見如來

    만일 겉으로 드러난 모양으로
    또 겉으로 들리는 명성으로
    부처님을 판단하는 사람은 사도邪道를 행하는 사람.
    이 사람은 사도를 행하므로 정도正道를 모른다.

겉으로 드러난 모양은 실은 자신의 마음속 분별심이 만들어낸 허상이며, 명성은 자신의 선입견으로 판단된 허명虛名[4]입니다. 이렇게 모양이나 명성으로 부처님을 판단하고 이해하는 사람은 자신의 분별심이나 선입견이 현실을 만든다는 일체유심조의 진리, 그것이 착각이요 본래 없는 것이라는 공의 진리를 모르는 사람입니다. 이런 사람은 올바른 지혜가 없기에 타인을 올바르게 인도하지 못합니다.

일체유심조나 공의 진리를 제대로 이해하지 못하는 사람들, 즉 지혜롭지 못한 사람은 상대가 어려운 질문을 하면 자신이 알고 있는 지식을 총동원하여 정답을 제시합니다. 그러나 일체유심조와 공을 제대로 이해하며 실천하는 지혜로운 이는 자신의 지식을 활용하는 것이 아니라, 질문한 사람의 마음속에 난해한 질문에 대한 해답이 분명히 있음을 일깨워 주기만 할 뿐입니다.

자손을 끔찍하게 사랑하는 큰 부자에게 외아들이 "아버지, 제게 재산을 다 물려주시면 더 큰돈을 벌어 부모님을 물질적으로 부족함 없이 성심껏 모셔서 물심양면으로 효도하겠습니다."라고 한다면 지혜롭지 못한 사람은 감격하며 자신의 재산을 모두 자식에게 줘버릴 수도 있습니다.

그러나 일체유심조와 공의 진리를 분명히 이해하고 실천하는 지혜로운 사람은 재산을 물려주기보다, 자식에게 참 부자가 되는

---

4 허명虛名: 실속 없는 헛된 명성

방법을 가르쳐주려 할 것입니다. 그렇게 하는 것이 진정으로 자식을 사랑하는 길임을 잘 알기 때문입니다.

각종 지식과 정보를 많이 소유한 사람에게 사랑하는 자식이 "아버지가 가진 것을 제게 주시면, 제가 일류학교에 쉽게 진학하고 나아가서는 큰 학자도 될 것 같습니다."라며 요구합니다.

또 불교를 독실하게 믿고 높은 수행의 경지에 이른 사람에게, 사랑하는 자식이 "저도 아버지처럼 부처님의 높은 경지를 체험하고 싶습니다. 비법을 일러주십시오."라고 합니다. 어떻게 대답해야 할까요?

평범한 부모들은 자신이 아는 모든 지식을 동원하여 자식에게 정답을 일러주고 족집게 과외를 시켜서라도 조속한 시일 내에 자식이 성공하도록 할 것입니다.

그러나 지혜로운 이는 자식에게 바로 정답을 가르쳐 주거나 족집게 과외를 시키기보다는, 깨칠 바를 일러주어 스스로 깨닫게 하며, 혼자서 깊이 생각하고 탐구하도록 교육할 것입니다. 겉만 아니라 속까지 보는 연습을 시켜서 지혜로운 사람을 만드는 참교육을 할 것입니다.

일체유심조와 공의 진리를 이해하지 못한 사람은 부처님 같은 위대한 사람을 만나도 그 위대성을 감지하지 못하며, 설령 전대미문의 귀한 진리를 들어도 자신의 선입견에 가려 이해하지 못합니다. 부처님께서 설하신 불경佛經의 똑같은 말씀이라도 일체유심조나 공을 모르는 사람이 설명하면, 듣는 사람에게 단순한 지식 교육이 되고 선입견만을 키우게 하므로 사법邪法이 되는 것이요, 이 진리를 깨친 지혜로운 사람이 설說하면, 상대의 지혜를 밝게 하는 정법正法이 되는 것입니다.

선지식께서는 정법에 대해 다음과 같이 구체적으로 말씀하셨습니다. 이는 사법이 난무하는 혼돈의 시대에 올바른 가르침을 찾는 훌륭한 지침이 될 수 있습니다.

"사람을 행복하게 하거나 밝게 한다는 각종 가르침이 많이 있다. 이 중 부처님, 조사 스님[5]께서 말씀하신 것도 있으며, 지혜로운 이, 세상 경험이 많은 사람들이 써놓은 것도 있다. 불자들은 부처님께서 경전에 이렇게 말씀하셨으니 또는 조사 스님 어록에 분명히 있으니 그것이 다 정법이요 밝아지는 가르침이라 생각한다. 그러나 그 사실만으로 정법이 될 수는 없다.

그러면 어떤 가르침이 정법인가?

부처님께서 하신 말씀이라도, 수도하여 확철대오[6]한 선지식께서 풀어 말씀하셔야 이것이 중생들의 피가 되고 살이 되는 정법이 된다. 깨치지 못한 사람이 말하면 중생들에게 아무 도움을 주지 못하고 심지어는 심각한 해가 되는 사법이 될 수 있다.

---

5 조사 스님: 선의 시작이신 달마스님부터 육조, 마조, 임제, 조주, 황벽 등
6 확철대오廓徹大悟: 확연히 꿰뚫어 크게 깨치다

비유하면 대학에서 강의할 때 교재 내용을 연구하고 체험하여 실감을 느낀 강사는 학생들에게 올바르게 전달하여 학생들을 유능하게 하지만, 내용을 잘 모르면서 다른 사람이 강의한 것을 암기하였다가 앵무새처럼 전달하는 강사는 제대로 전할 수 없으므로 학생들을 무능하게 하는 것과 같은 이치다."

부처님께서는 49년 동안 중생들의 근기에 맞추어 다양한 설법을 하셨습니다. 일체유심조나 공의 진리를 이해하지 못할 정도로 하근기[7]의 사람에게 하신 설법, 말하자면 복을 지어서 복을 받고 죄지어서 벌을 받는다는 인과응보의 설법은 사람에게 나쁜 일을 하지 못하게는 하는 정도입니다.

일체유심조와 공의 진리가 담긴 반야부의 설법은 사람의 마음을 지혜롭게, 또 밝게 할 수 있으므로 정법이라고 하겠습니다.

선지식께서는 금강경 3, 4, 5분이 금강경 전체의 뜻을 다 포함하고 있으며 이는 일체유심조의 진리, 공의 진리를 모두 담고 있는 정법의 핵심이라고 하셨습니다. 부처님께서 설하신 금강경은 시대와 장소에 관계 없이 보살이 마음을 닦아 부처가 되는 방법을 잘 설명하고 있습니다.

---

7   하근기下根機: 교법을 받아들여 성취할 품성과 능력이 가장 낮은 정도의 사람. 여기서는 일체유심조나 공의 진리를 이해하지 못할 정도의 사람

금강경은 부처님께서 가장 밝으실 때 설하신 가르침으로, 특히 금강경 3, 4, 5분에는 중생이 변하여 보살이 되고 보살이 부처가 되는 가장 핵심적인 방법이 있습니다.

보살은 어떤 분인가요? 실무유법 명위보살實無有法 名爲菩薩이라는 말씀처럼 일체유심조의 진리와 공의 진리를 깨쳐 부처님의 뜻을 기쁘게 하는 사람이며 자리이타自利利他[8]를 실천하는 밝은 사람입니다.

금강경 3분은 일체유심조의 진리를 깨쳐 부처님을 시봉하는 자리행自利行을 실천하는 내용이고, 4분은 공의 진리를 깨쳐 부처님을 시봉하는 이타행利他行을 실천하는 내용입니다. 금강경 5분은 '형상이 없는 부처님'의 정체성을 강조하여 보살의 마음속 아상을 소멸하고 부처님을 닮게 하는 뜻이 담겨 있습니다.

금강경 3, 4, 5분은 곧 일체유심조와 공의 진리를 실천하는 내용이라 모두 정법이 되며, 이 정법이 어리석음을 지혜로 만들고 사나운 사람을 자비로운 사람으로 만들어 결국 부처가 되게 합니다.

---

8 자리이타自利利他: 자신을 이롭게 한다는 자리自利와 남을 이롭게 한다는 이타利他

금강경에 나타난 정법

금강경 3분에 나타난 정법

부처님께서는 금강경 3분에서 밝아지고자 하는 사람이 마땅히 할 일을 말씀하십니다.

> 소유일체중생지류(구류중생)…아개영입 무여열반 이멸도지
> 所有一切衆生之類(九類衆生)…我皆令入 無餘涅槃 而滅度之
> 여시멸도 무량무수무변중생 실무중생 득멸도자
> 如是滅度 無量無數無邊衆生 實無衆生 得滅度者

여기서 '아개영입 무여열반 이멸도지'는 '자신의 마음속에 올라오는 가지가지의 모든 생각은 무엇이든지 다 부처님께 바쳐라.' 하는 뜻입니다.

선지식께서는 이처럼 이해하기 쉽고 실천 가능하게 해설하시며, 금강경 수행을 통하여 아상이 소멸하고 드디어 밝아지는 과정을 다음과 같이 구체적으로 말씀하시기도 하셨습니다.

"부처님께서는 일찍이 계戒를 지니므로 마음이 안정되고, 마음이 안정되면 지혜가 난다고 하셨다. 계, 정, 혜는 수행의 기본으로 삼학三學[9]이라고 한다. 금강경 수행에서 금강경을 독송하고 무슨 생각이든지 부처님께 바치는 행위는 말하자면 계戒에 해당한다. 계를 잘 지니면 아상이 소멸하여 마음이 안정되고 깊어지면서 환희심이 나게 된다. 이 환희심은 각종 재앙을 소멸하고 소원을 성취하게 한다. 즉 빈곤을 풍요로, 병약病弱함을 건강으로, 무지를 지혜로 만드는 힘이 있다. 처음에는 작은 무지無智가 사라지고 작은 지혜가 나온다. 부처님께 바치는 연습을 꾸준히 지속하면 무지가 뿌리째 빠져 큰 깨달음으로 이어진다."

수행자들을 위하여 다음과 같이 좀 더 구체적으로 말씀하시기도 하셨습니다.

"미륵존여래불을 마음으로 읽어서 귀로 듣도록 하면서 무슨

---

9   삼학三學: 불교 수행자가 닦아야 할 기본적인 세 가지 공부 방법. 계학戒學·정학定學·혜학慧學

생각이든지 부처님께 바치는 마음을 연습하여라. 궁리를 바치지 않고 가지면 병이 되고, 눌러 참으면 결국 폭발하여 재앙이 된다. 아침저녁으로 금강경을 읽되, 직접 부처님 앞에서 강의 듣는다 생각하며 읽어라. 육체는 규칙적으로 움직여야 건강해지고 정신은 절대로 가만두어야 건강해진다.

이와 같이 공부하기를 백일을 1기로 하여 10회가량 되풀이하면 마음이 차츰 안정되고 지혜가 나면서 자신이 어디서 왔는지 그 뜻을 알게 될 것이다. 자신이 어디서 왔는지 알게 되면 다른 사람의 전생도 알게 되는데, 세상에서는 이것을 숙명통宿命通이라 한다.

숙명통을 얻는 것은, 일체유심조와 공의 진리를 실천하므로 아상이 없어지기 때문이다. 아상이 없어져야 비로소 진정한 사회인이 되며, 자신의 행복은 물론 세상 사람들을 편안하게 할 것이다."

마음속의 각종 분별심은 부처님께 바칠 때 부처님의 마음으로 바뀝니다. 산만하고 어지러운 이 마음이 자신의 분별심이며 그것이 착각이요 본래 없는 것임을 알게 될 때, 변덕스러운 중생의 마음은 부처님처럼 흔들리지 않는 마음不動心이 되며 환희심이 납니다.

이러한 일체유심조와 공의 진리의 실천은 계戒, 산만하고 어지러운 마음이 안정된 마음으로 바뀌는 것은 정定입니다. 이 안정된 마음은 각종 재앙을 소멸시키고 소원을 이루게 하며 무지를 변화하여 올바른 혜慧(지혜)에 이르게 합니다.

다음은 직접 선지식께 들은 실감 나는 이야기로, 금강경을 구체적으로 실천하여 심각한 재앙을 소멸하고 소원성취하여 새 불자로 거듭 태어난 이의 체험입니다.

H 박사는 우리나라에서 매우 존경받는 최고 지식인 중 한 사람이었다. 그는 명문 S대 법과대학 교수이며 D 신문의 논설위원이기도 하였다.

5.16이 나고 얼마 지나지 않은 여름, 군사혁명 세력에 은근히 불만이 있었던 H 박사는, "국민투표만이 만능이 아니다."라는 제목의 사설을 신문에 기고하였는데 이 내용은 혁명정부의 심기를 불편하게 하였고, 결국 H 박사는 영장도 없이 감옥에 갇히는 신세가 되었다. 군사혁명 정부 시절에 영장 없이 구속되는 것은 놀라운 일이 아니었다.

법학 교수로서 수많은 판검사를 제자로 둔 H 박사는 자신의 마음이 떳떳하였고, 제자들의 위로를 들으면서 머지않아 감옥에서 풀려나리라고 낙관하였다. 그러나 가을이 지나고 초겨울이 되도록 재판 한번 받지 못하였고, 감옥에서 풀려나올 낌새도 보이지 않았다. 언제 풀려날지 모르는 막막한 심경이 되자 H 박사의 부인은 급하게 나를 찾아왔다.

"많은 법조계 제자들도 다 두 손을 들었고, 위로하던 사람들도 이제는 다 그이 곁을 떠났습니다. 처음에는 자신만만하고 매사에 낙관적이던 그도 이제는 실망의 기색이 역력합니다. 감옥에서 벗어나기를 포기함은 물론, 인생의 모든 희망을 다 포기한 심정인 것 같습니다. 언제 감옥에서 풀려날지 기약이 없습니다. 어떻게 하면 감옥에서 벗어날 수 있겠습니까?"

"지금 당신 남편의 얼굴은 예전에 당당하던 모습은 사라지고 마치 죄수와 같이 초라해 보일 것이요, 얼굴이 죄수처럼 보이는 것은 마음이 죄수 마음이라, 감옥에서 풀려날 희망이 없소. 그러면 어떻게 해야 감옥에서 벗어나겠소? 죄수 마음을 부처님 마음으로 바꾸는 길밖에 없소. 어떻게 바꿀 수 있겠소? 죄수 마음, 두려운 마음이 착각인 줄 알고 부처님께 바치는 수밖에 없소. 자신의 마음이 착각인 줄 알고 부처님께 바쳐, 부처님 마음이 되면 그 누구도 당신 남편을 감옥에 붙들어 둘 수 없을 것이요. 지금부터 내 말대로 하라고 전하시오. 하루에 금강경을 7독씩 독송하고, 통치자에 대해 미운 생각이 들거든 그 생각이 착각임을 깨닫고 정성껏 부처님께 바치라 하시오."

H 박사는 내 말대로 성심껏 금강경을 1일 7독 독송하였고 각종 증오심이나 비관적인 생각을 성심껏 부처님께 바쳤다. H 박사는 금강경을 독송하며 증오심이 착각이라는 공의 진리를 깨치게 되었다. 마음속에서 증오심이 사라지자 독송의 기쁨에 젖어 시간 가는 줄 모르게 되었으며 장래 걱정도 겨울 추위도 다 잊게 되었다.

환희심으로 금강경을 독송하며 비법非法 비비법非非法이라는 구절에 실감을 느끼던 어느 날, 그는 아무 조건 없이 감옥에서 풀러났다. 그 뒤로 H 박사는 군사혁명 정부에 대한 노여움도 풀게 되었는데, 업보란 자타가 없는지라 대통령 역시 마음이 풀리면서 이후 그를 장관으로 중용하였다.

탐진치, 즉 아상을 부처님께 바쳐서 마음속의 업보 업장을 소멸하여 생기는 환희심이 재앙을 소멸하고 소원이 이루어지게 하는 것으로, 이는 정법 수행의 당연한 결과입니다.

공空의 진리가 담긴 금강경 4분

금강경 4분에서는 다음과 같이 말씀하십니다.

보살 어법 응무소주 행어보시
菩薩 於法 應無所住 行於布施
소위부주색보시 부주성향미촉법보시
所謂不住色布施 不住聲香味觸法布施
보살 응여시보시 부주어상
菩薩 應如是布施 不住於相

'보살 어법 응무소주 행어보시 소위부주색보시 부주성향미촉법보시'란 무슨 뜻일까요?

사람들은 출세하고 싶은 욕망이 있습니다. 출세를 위하여 공부하고 자격을 갖추려 합니다. 이왕이면 좋은 학교에 가서 성적을 잘 받고 학교를 졸업하면 일류 직장에 들어가 돈을 많이 벌고자 합니다.

무엇 때문에 사람들은 좋은 학교에 가려 하고 출세하려 하며, 돈을 많이 벌려고 할까요?

한恨이 발동하였기 때문입니다. 사람들의 마음속에는 무시겁래[10] 탐진치로 인한 죄업으로 빈궁의 한, 명예의 한, 사랑의 한이 존재합니다. 인연에 따라 한이 발동하여 학교 다닐 때는 일류를, 사람을 만날 때는 사랑을 추구하고, 사업할 때는 큰 성공을 기대합니다. 무슨 일을 할 때마다 목적이 생기는 것은 이런 한에 따른 업業의 발동으로 보면 틀림없습니다.

부처님께서 '어법於法 응무소주應無所住 행어보시行於布施' 하신 것은, 무슨 일을 할 때 마음속의 한이나 업보에 이끌려 행동하지 말라는 뜻입니다. 또 '소위부주색보시所謂不住色布施 부주성향미촉법보시不住聲香味觸法布施' 하시었는데, 이는 색色으로 인한 업보, 소리 향기 맛 등으로 인한 인연 업보에 이끌려 마음을 내지 말라는 말씀입니다.

업보나 한에 이끌려 마음을 내는 보통 사람들은 일류 학교가 행복을 가져다준다고 착각하고 일류 학교를 지향하며, 보드라운 사람이 행복을 가져다준다고 생각하여 미인을 추구합니다.

---

10 무시겁래無始劫來: 까마득한 옛날부터

'보살菩薩 응여시보시應如是布施 부주어상不住於相'은 무슨 뜻일까요?

'사람들은 무슨 일을 할 때마다 일류를, 성공을 지향하는데, 사실 알고 보면 이것은 모두 업보가 지어낸 허상이다. 허상을 따르면 무지無智하게 되고 재앙이 일어나니, 일류나 성공을 지향하지 말고 그 마음이 착각인 줄 알고 부처님을 지향하여 일하라.' 하는 뜻입니다.

부주어상不住於相은 업보가 없는 곳을 말합니다. 사람의 마음은 항상 업보가 있는 곳, 즉 마음이 붙을 곳을 찾기 마련입니다. 돈이나 명예에 마음이 붙습니다. 도통에 마음이 붙을 수도 있습니다. 마음이 붙지 아니한 곳을 지향하라는 것은, 무슨 일을 하든지 돈·명예·도통에 붙은 마음이 착각인 줄 알고, 오직 부처님 시봉[11]하는 마음으로 일하라는 뜻입니다.

부주어상不住於相, 마음이 붙을 수 없는 곳은 어디인가요?

선지식께서는 업보가 없는 곳, 마음이 붙지 못하는 곳이 있다면 그곳은 형상 없는 부처님이라 하십니다.

"무슨 일을 하고자 할 때 형상 없는 부처님을 지향하여 마음을 내며, 항상 부처님과 함께하는 삶을 살라."

---

11 시봉侍奉: 스승으로 받들어 모시는 승려나 지위가 높은 승려를 가까이 모시고 시중 드는 일

이렇게 할 때 부처님의 광명이 내 마음에 임하시어 일체유심조의 진리를 깨치고 또 공의 진리를 깨치게 되므로 고난에서 벗어나고 무지, 무능無能에서 멀어지기 때문입니다.

학생은 출세하고 성공하기 위한 목적이 아니라 부처님 시봉하는 마음을 연습하기 위하여 학교에 가고, 사회에서는 직장생활이나 경영 또는 정치를 하되 항상 어떤 목적을 가지지 말고 모두 부처님 시봉하기 위하여 일하는 마음을 냅니다.

응무소주應無所住 행어보시行於布施, 다시 말해서 이기적 목적을 위해서 일하지 않는 것은 물론, 항상 부처님 시봉하려 하고 부처님과 함께하는 삶을 살라는 말씀입니다. 수도인도 행복하고 자유롭기 위하여 또는 도통하기 위하여 수도하지 말고, 부처님 기쁘게 해드리기 위하여 수도합니다.

논어論語에 "지지자知之者 불여호지자不如好之者 호지자好之者 불여낙지자不如樂之者"라는 문장이 있습니다. 2,500여 년 전의 글입니다만, 21세기 최고경영자CEO들이 즐겨 사용하는 말이기도 합니다.

일이나 공부를 잘하는 비결이 있다면 그것은 일이나 공부를 좋아하거나 즐겨하는 것이라는 말씀입니다. 싫어하며 억지로 하는 사람은 아무리 머리가 좋아도 또 아무리 노력해도, 즐겨하는 사람을 따라잡을 수 없다는 것입니다.

공부를 즐겨하는 것의 근본 원리는 무엇일까요?

공부하기 싫은 마음이 착각이며 실은 본래 없는 것임을 깨닫는 것입니다.

다시 말하면 금강경을 독송하여 공의 진리를 깨칠 때 싫은 마음이 사라지고 공부를 즐겨하게 되고, 둔재가 변하여 인재와 영재가 됩니다. 더 나아가서 이는 밝은 부처님의 세계로 들어가는 방법이 됩니다.

정법은 형상이 정해져 있지 않다

금강경 5분이 주는 의미

'가이신상可以身相 견여래부見如來不'로부터 시작되는 금강경 5분은 부처님의 정체성을 밝히는 내용입니다.

금강경 3분에 무슨 생각이든지 부처님께 바치라고 하셨고, 또 4분에서 일이나 공부를 할 때 이기적 목적을 위하여 하지 말고 오직 부처님 기쁘게 해드리기 위하여 하라고 하셨습니다. 5분은 '그 부처님은 형상이 있는가?' 하는 질문으로 시작합니다.

'불야不也 세존世尊 불가이신상不可以身相 득견여래得見如來' 하고 수보리 존자가 대답한 것처럼, 우리가 바치는 부처님은 형상이 있는 부처님이 아닙니다. 부처님은 몸의 특징을 추측하여 알 수 있는 존재가 아니고, 또 마음의 특징을 추측하거나 판단하여 알 수 있는 존재가 아니라는 것입니다.

머리를 써서 추측할 수 있는 부처님은 내가 생각하는 부처님, 내 선입견으로 보는 부처님일지언정 '참 부처님'이 아니며, 나의 업보가 만든 부처님이라는 것입니다.

범소유상 개시허망
凡所有相 皆是虛妄

애욕을 해탈하여 지혜롭게 된 사람은 "내 생각은 다 틀렸다."라고 해석합니다. 범소유상을 눈에 보이는 모든 형상이라 해석하는 사람은 아상이 큰 사람, 몸뚱이 착著이 큰 사람입니다.

약견제상 비상 즉견여래
若見諸相 非相 卽見如來

"내 생각, 판단이 착각이고 본래 없는 것임을 알 때, 부처님 세계에 들어갈 수 있다. 내 판단이 꼭 옳은 줄 안다면 항상 중생 세계에서 각종 고통에 시달리며 벗어날 길이 없다. 이 고통의 세계를 벗어나 편안하고 즐거운 부처님 세계로 들어가려면 자신의 판단이 착각이요 본래 없는 것임을 알라."

이렇게 해석하면 금강경의 문맥이 통하고 실천할 수 있게 되어 깨달음이 가능하게 됩니다.

금강경 3분에서 '무슨 생각이든지 부처님께 바쳐라.' 하신 것을 실천하여 일체유심조의 진리를 깨쳐서 사람들은 지혜로워지고 4 분에서는 무슨 일을 하든지 부처님 기쁘게 해 드리는 마음가짐으로, 사람들은 공의 진리를 깨쳐서 능력자가 됩니다.

5분에서는 금강경 3, 4분을 비롯한 전체의 뜻을 내포하고 있는 이 사구게四句偈[12]를 수지독송하므로, 사람들은 부처님의 삶을 이해하고 닮게 되어 무량공덕을 성취하고 밝아집니다.

금강경 사구게의 실천

금강경 사구게를 생활 속의 각종 난제에 적용하여 그 난제를 해결하고 행복한 삶을 살 수 있다는 것을 알게 된다면, 많은 사람들이 금강경과 더욱 친근해질 것이 분명합니다. 절체절명의 위기를 당한 사람이 금강경 사구게의 대원칙을 생활에 적용하여 위기에서 벗어나게 되는 근본 원리를 살펴봅니다.

어떤 사람이 지금 사흘이 멀다 하고 빚 독촉을 받고 있습니다. 빚 독촉도 도저히 견디기 힘들지만, 가까운 장래에 빚을 갚을 희망도 없습니다. 궁지에 몰린 사람들이 만약 모든 난관을 다 극복하게 해주는 도인이 있다는 소문을 듣는다면 당연히 그 도인을 찾아 나설 것입니다. 다행히 그는 도인을 만나서 해결책을 여쭤보

12　사구게四句偈: 4구四句로 된 게문偈文. 깨친 진리를 함축 요약한 것

았습니다.

"천하의 도사도 그대의 난관을 해결해 줄 수 없다. 그대는 오직 금강경 가르침을 실천하여 해법을 찾을 수 있다. 지금 내 말을 잘 듣고 질문에 성실히 대답해 보아라. 그대는 빚 독촉을 받는 괴로움이 궁리나 상상이 아닌 엄연한 현실이라고 생각하는가? 또는 내가 빚 독촉을 받고 있다고 생각할 뿐, 이것은 반드시 현실이 아닐 수도 있다고 믿는가?"

"당연히 빚 독촉의 괴로움은 엄연한 현실이고 팩트fact입니다. 내가 빚 독촉을 받고 있다고 생각하지, 이것이 현실이 아니라는 생각은 할 수 없습니다."

"빚 독촉의 괴로움이 엄연한 현실이라는 것은 실은 착각이다. 팩트가 아니다. 그대가 그렇게 굳게 믿는 것은, 수많은 죄업으로 인하여 마음이 어두컴컴해짐으로써 생긴 착각의 결과다. 그대가 금강경 공부를 하여 그렇게 믿는 마음이 모두 착각이라 볼 수 있게 된다면 바로 올바른 판단에 도달한다.

올바른 판단이란 무엇인가? 내가 빚 독촉을 받고 있다는 것은 생각일 뿐 현실이 아니라는 깨달음이다. 괴로움이란 본래 없는 것이다. 괴롭다는 생각이 사람을 괴롭게 하는 것일 뿐이다. 이 괴로움이 현실이라는 생각에서 벗어나라. 괴롭다는 생각만이 존재할 뿐이라고 믿어라. 그렇게 믿게 되면, 그것이 일차적 난관을 돌파한 것이니라.

그다음은 금강경 사구게의 가르침, 즉 '약견제상若見諸相 비상

非相'을 실천하면 된다. 여기서 '약견제상'이란 이 현실이 괴롭다고 믿는 그대의 생각을 말한다. '비상'은 '그 생각이 참이 아닌 줄 알면' 하는 뜻이다. '즉견여래卽見如來'는 무슨 뜻이냐? 괴로워 미치겠다는 생각이 참이 아닌 줄 알게 된다면 고난이 확실히 사라지고 참으로 즐거워진다는 뜻이다.

이렇게 금강경의 가르침을 실천해 보아라. 우선 빚쟁이에게 시달림을 받는 괴로움이 실은 현실이 아니고 생각일 뿐이라는 믿음이 문제를 해결할 일차적 과제다. 괴로움이란 것이 생각이 아니라 현실이라고 믿는 한, 그대는 고통에서 영원히 벗어날 희망이 없다.

그대가 생각하는 고통이란 현실이나 팩트가 아닌 오직 생각이요 궁리일 뿐임을 알고 그 생각을 부처님께 바쳐 보아라. 바치기가 쉽지 않으면 그 생각에 대고 '미륵존여래불'을 정성껏 하여라. 언제까지? 그 괴로움이 현실이 아니요, 착각이라는 깨달음이 올 때까지 정성껏 부처님께 바쳐라. 언제인가 마음이 편안해질 때가 오며, 마음이 편안해질 때 현실 문제는 이미 깨끗이 해결되어 있을 것이다."

정법의 특징

밝은 지혜에 이르는 가르침을 정법이라 하고, 사람을 어두움에 이르게 하는 가르침을 사법이라 정리할 수 있습니다. 정正과 사邪의 특징을 실감 나게 이해할 수 있도록 표로 살펴보겠습니다.

〈정법과 사법의 비교〉

사법邪法		정법正法
정답을 추구하는 교육	교육 방법	힌트만 주어 스스로 답을 찾는 교육
지식 전달 교육		지혜 개발 교육
역경 해결	수행 결과	역경이 곧 축복
겉으로 드러나는 성공		마음속 깊은 안정감
일시적이고 일회성인 성공과 행복		세세생생 지속되는 자신감
역경이 올 때마다 다시 노력해야 함		역경이 착각이며 본래 없다
지식이 풍부한 사람	스승의 특성	일체유심조를 깨친 사람
아상(이기심 탐진치)이 있음		아상(이기심 탐진치)이 없음

부처님은

○

세계인들이 극찬하는 예술작품, 석굴암의 자비로우신 존안尊顔. 이 모습을 대할 때마다 각박한 마음이 부드러워졌고 불안한 마음이 편안해졌습니다.
그래서 그곳에 부처님이 계신 줄 알았습니다.
그러나 부처님은 그곳에 계시지 않았습니다.
왜냐하면 부처님은 모양이 아님을 알았기 때문입니다.

기암괴석奇巖怪石 속의 계곡물, 풍경소리 들리는 산사山寺, 그리고 산사 속 맑디맑은 모습의 스님들. 그곳에 갈 때마다 마음이 쉬었습니다.
그래서 산사에 부처님이 계신 줄 알았습니다.
그러나 부처님은 그곳에 계시지 않았습니다.
왜냐하면 부처님은 지저분한 저잣거리에도 계심을 알았기 때문입니다.

조건 없이 베푸는 사랑, 목숨까지 마다할 헌신적 사랑, 세상에서 가장 아름다운 어머니 사랑.
여기에 부처님이 계신 줄 알았습니다.
그러나 부처님은 거기에 계시지 않음을 알았습니다.
왜냐하면 제가 깨달은 부처님의 사랑은 흔적이 없는 사랑이요, 희생이 동반되지 않는 사랑이요, 애절함이 없는 사랑이기 때문입니다.

불교 최고의 경전, 마음 밝게 해주는 무상無上의 지침서, 대방광불화엄경의 장엄한 가르침.
부처님은 당연히 그 속에 계신 줄 알았습니다.
그러나 부처님은 그곳에 계시지 않았습니다.
왜냐하면 부처님은 문자文字에 있지 아니하고 교敎를 통해 도저히 알 수 없는 무실무허無實無虛의 존재임을 깨쳤기 때문입니다.

마음이 괴롭고 난제가 산적할 때 정성껏 관세음보살을 염하였습니다. 몸과 마음을 다하여 관세음보살, 관세음보살 하였습니다. 정말 기적처럼 괴로움이 사라지고 난제가 해결되었습니다.
그래서 부처님은 난제 해결의 기적 속에 계신 줄 알았습니다.
그러나 부처님은 난제 해결이나 기적에 있지 아니하였습니다.
왜냐하면 난제 해결이나 기적은 제 마음의 번뇌가 사라질 때 드러나는 제 마음속의 참나眞我의 발현임을 알았기 때문입니다.

이제 알았습니다.
"부처님을 마음 밖에서 찾지 말라. 가피를 내려 주시는 부처님은 아니 계시다. 그대의 생각과 판단이 모두 틀리다는 사실을 깨달을 때, 비로소 그대 마음속에 부처를 찾을 수 있으리라."라는 진리를 일깨워 주는 분이 있었습니다.
그 진리를 정법正法이라 하고, 정법을 일러주는 분을 선지식이라 하였습니다.
정법으로 나를 밝게 해주는 이가 있다면 그분은 내 부처님이 될 것입니다.

5장

금강반야의 세계

불교를 마음 닦아 밝아지는 가르침이라고 합니다. 마음 닦아 탐진치를 소멸하면 부처님처럼 본연의 지혜가 드러난다는 뜻입니다.

지혜란 무엇인가요?

부처님께서 말씀하시는 본래 갖추어져 있는 지혜와 세상 사람들이 말하는 지혜에는 어떤 차이가 있을까요? 어떤 사람은 동일하다고, 어떤 사람은 전혀 다르다고 말하는데 정말 그러할까요?

이를 알기 위해 우선 금강경 13분 여법수지분如法受持分을 공부합니다. 13분의 핵심 내용인 금강반야가 무엇인지 알게 되면 자연스럽게 부처님께서 말씀하시는 지혜와 사람들이 말하는 지혜의 뜻과 차이점이 분명해질 것입니다.

금강경 13분은 수보리 존자의 질문으로 시작합니다.

"이 경의 이름을 무엇이라 하며, 가르침의 핵심을 무엇이라 생각하고 공부할까요?" 이에 부처님께서는 "이 경은 금강과 같은 지혜로, 생사를 해탈하는 진리로 알고 공부하여라."라고 말씀하십니다.

  이시 수보리백불언 爾時 須菩提白佛言
  세존 당하명차경 世尊 當何名此經
  아등 운하봉지 我等 云何奉持
  불고 수보리 佛告 須菩提

시경 명위금강반야바라밀 是經 名爲金剛般若波羅蜜
이시명자 여당봉지 以是名字 汝當奉持

그때 수보리 존자가 부처님께 말씀드리기를
부처님이시여 이 경의 이름은 무엇이라 하며
우리들은 어떤 마음으로 받들어야 하겠습니까?
부처님께서 수보리 존자에게 말씀하시기를
이 경은 금강반야바라밀경이며
이 이름으로 그대들은 받들어 지녀라.

지금까지 공부한 내용을 정리한다면 "좋은 것을 찾기 위해서 마음 밖의 것을 찾아 헤매지 말라. 마음 밖의 세계는 그대들이 상상하는 것처럼 실제로 존재하는 것이 아니기 때문이다. 현실 세계란 참이 아니라 그대들의 마음이 만들어 낸 허상이다."라는 것이며, 13분에서는 현실 세계가 그대들의 마음이 만들어 낸 허상이라고 깨닫는 지혜가 있다면, 이것이 지혜 중 최고의 지혜, 즉 금강반야임을 강조하십니다.

'시경是經 명위금강반야바라밀名爲金剛般若波羅蜜'이라는 말씀에서 금강은 물질 중 가장 단단한 물질인 금강석, 다이아몬드를 말합니다. 금강반야란 가장 단단한 지혜라는 뜻입니다.

지혜 중에는 단단한 지혜도 있고, 단단하지 않은 지혜도 있는가 봅니다. 지혜의 참뜻을 이해하기도 쉽지 않은데, 부처님께서 말씀하시는 단단한 지혜란 과연 무엇일까요?

지혜란 쉽게 말해서 자신에게 닥친 어려운 문제를 해결하는 능력이라 할 수 있습니다. 쉬운 문제는 해결해도 어려운 문제를 해결하지 못하는 지혜라면 이런 지혜는 단단한 지혜라 할 수 없습니다. 단단한 지혜란 어떤 어려운 문제도 해결할 수 있는 지혜입니다. 절체절명의 위기를 해결할 수 있는 지혜라면, 이것이야말로 더욱 단단한 지혜일 것입니다.

불가에서 말하는 세 가지 지혜와 금강반야

단단한 지혜의 뜻을 알기 위하여 불가에서 흔히 말하는 세 가지 지혜를 살펴봅니다.

첫 번째 지혜는 문혜聞慧, 보고 들어서 생기는 지혜입니다. 두 번째 사혜思慧는 생각하고 또 생각해서, 즉 심사숙고하여 얻어지는 지혜입니다. 그다음은 마음을 닦아서 얻은 지혜인 수혜修慧입니다. 분별심이 사라지면 마음속의 지혜 광명이 드러나는데, 수혜란 마음 닦아 드러난 지혜 광명이라 할 수 있습니다.

문혜는 보고 들어서 생겨난 지혜, 말하자면 학생들이 학교에서 공부하여 얻어진 지혜를 말합니다. 학교에서 얻은 지식으로 직장에서 어려운 문제를 해결할 수 있다면, 이런 지혜는 문혜입니다. 각종 정보와 지식을 통해서 얻은 지혜입니다.

지식이 많은 사람, 다양한 정보를 알고 있는 사람은 어려운 일에 맞닥뜨렸을 때, 지식이나 정보가 부족한 사람에 비하여 해결

능력이 뛰어납니다. 우리나라 기업들은 중·고등학교 출신보다 대학 출신을 우대하는데, 이는 대학 출신이 지식과 정보에서 얻은 지혜, 즉 문혜를 더 많이 가지고 있다고 보기 때문입니다.

그러나 이렇게 지식과 정보를 통하여 얻어진 문혜는 단단한 지혜라 할 수 없습니다. 왜냐하면 문혜는 주위의 수많은 난제에 대해 해답을 제시하지 못하는 경우가 대부분이기 때문입니다.

문혜가 보고 들어서 얻는 지혜라면, 사혜는 생각하고 또 생각하여 얻어지는 지혜입니다. 즉 난제의 해법을 자꾸 연구하고 깊이 생각하며, 또 사람들과 난제에 대한 해법을 논의하고 경청하여 얻는 지혜입니다. 이렇게 하면 가볍게 생각하는 것보다 자신의 선입견과 편견을 더 많이 제거하여, 문혜보다 훨씬 더 넓은 범위의 해법을 제시할 수 있습니다.

난제의 해법을 계속 생각하는 자세, 사람들로부터 난제 해결의 경험을 경청하는 자세는 편견이나 선입견을 제거하므로 더욱더 보편적인 지혜가 드러날 수 있게 하는데, 이로부터 얻어지는 지혜는 문혜보다 더 차원 높은 지혜가 될 것이므로 더욱 단단한 지혜라 할 수 있습니다.

수혜는 마음의 분별심을 소멸하고 탐진치를 닦아서 생긴 지혜입니다. 현재의식인 마음의 분별심을 끊임없이 바쳐 소멸하면, 마음속 깊이 내재된 선입견을 제거할 수 있습니다. 선입견, 즉 전생의 업장이 사라지면 마음 깊숙이 숨겨진 본연의 지혜가 드러납니다.

이때 드러난 지혜의 범위는 심사숙고하여 얻은 사혜보다 더욱 넓고 깊습니다.

열 길 물속은 알아도 한 길 사람 속은 모른다는 속담이 있듯 대부분은 사람 속을 알지 못합니다. 한 길 사람 속을 아는 지혜, 이것은 문혜로도 아니 되고, 사혜로도 아니 됩니다. 오직 마음을 닦고 탐진치를 소멸하여 얻는 지혜인 수혜만이 사람의 속마음을 꿰뚫어 볼 수 있습니다. 제 마음을 닦아 분별심을 제거하면 일차적으로 자신의 속마음이 무엇인지 알게 되고, 그렇게 되면 다른 사람의 속마음도 무엇인지 알게 되는 원리입니다.

탐진치를 닦아 수혜를 체험한 경영자라면 다른 사람의 속마음을 알게 되므로 적재적소에 사람을 배치하여 회사를 슬기롭게 운영할 수 있습니다. 수혜를 잘 닦은 사람의 지혜와 능력은 거의 신神의 영역에 접근하는 뛰어난 능력이요, 지혜라 할 수 있습니다.

금생에 본격적으로 수도의 마음을 낸 사람이 아니어도 전생에 마음을 많이 닦았던 사람이 난제에 봉착하였을 때, 고심하다가 꿈속에서 난제에 대한 해법이 한 번에 시원하게 알아지는 수가 있습니다.

꿈이란 무엇일까요?

현재의식, 즉 6식의 분별심, 선입견 등이 사라지고 잠재의식이 드러난 상태가 꿈입니다. 잠재의식, 즉 속마음으로 알아지는 지혜가 나타나, 각종 난제에 대한 해답을 얻을 수 있습니다. 난제에 대한 해법을 꿈을 통하여 얻었다면, 이 지혜는 문혜나 사혜가 아니고 일종의 수혜입니다. 꿈에서 알아지는 수혜를 통하여 위대한 일을 성취한 사례는 주위에서 심심치 않게 볼 수 있습니다.

사혜가 인공지능을 초월할 수는 없어도, 수혜는 각종 인공지능을 초월할 수 있습니다. 인공지능이 쓰나미처럼 몰려와 인간을 무력화시키고 많은 인간의 일자리를 빼앗아 가는 제4차 산업혁명 시대에는 수혜를 닦는 교육기관을 설립하는 것만이 유일한 대안입니다.

그러면 금강반야는 어떤 지혜일까요?

수혜보다 차원이 더 높은 지혜, 깨친이의 지혜, 보살의 지혜입니다.

현재의식을 자꾸 바치면 속마음, 즉 잠재의식이 드러나게 되는데, 잠재의식으로 알아지는 지혜는 현재의식으로 알아지는 지혜보다 더 넓고 깊으며 단단한 지혜입니다. 나아가, 잠재의식으로 알아지는 지혜까지 잘못된 것임을 알고 부처님께 정성껏 바치면 결국 탐진치의 뿌리인 아상이 없어지면서 본래부터 갖추어진 불성佛性이 드러납니다.

불성은 부동심不動心이라 할 수도 있는데, 흔들리는 마음(動心, 아상)이 소멸하여 나타난 참나의 모습, 즉 금강반야라 할 것입니다. 부동심을 지혜로운 이는 항심恒心이라고도 표현하였습니다. 맹자님의 "소인은 항산恒産이어야 항심恒心이 되지만 군자는 항산이 아니어도 항심이 된다."¹라는 말씀에서 항심이 곧 부동심이요 불성이라 할 것입니다.

부동심은 금생에는 자신을 행복하고 지혜롭게 하여 위대한 일을 성취하게 할 수 있으며, 이 몸이 사라져 없어진 저세상에서도 영원히 함께하는 위대한 지혜입니다.

부동심의 지혜인 금강반야의 지혜는 배워서, 또는 연구하거나 수련해서 얻어지는 것이 아닙니다. 선지식과 함께 공부해야 얻을 수 있으며, 부처님에 대한 깊은 공경심으로 몸과 마음을 다 바쳐서 겨우 얻는 것입니다.

열반경² 사구게, 제행무상 시생멸법諸行無常 是生滅法 생멸멸이 적멸위락生滅滅已 寂滅爲樂에서도 금강반야의 지혜를 알 수 있습니다.

제행무상 시생멸법이란 물질세계만 무상한 것이 아니라 정신세계도 무상하다는 뜻입니다. 물질세계가 순식간에 변화하는 것처럼 의식세계도 항상 움직이고 변화하는 것이기에, 젊었을 때 영원한 친구, 영원한 반려자라고 천금같이 다짐을 하여도 그 마음은 얼마 지나지 않아 변화하고 무상無常을 실감합니다. 무상하지 않은 것은 우리 인식 세계에는 없습니다.

---

1 무항산무항심無恒産無恒心: 일정한 생업이나 재산이 없으면 올바른 마음가짐도 없어짐
2 열반경涅槃經: 대반열반경大般涅槃經. 석가모니께서 세상을 떠날 즈음에 설법하신 불교 경전

그러나 무상하지 않은 것이 분명히 존재한다고 합니다. 생멸멸이 적멸위락, 좋아하고 싫어하는 마음을 자꾸 부처님께 바치면 영원한 것이 반드시 발견된다는 것입니다.

생멸멸이生滅滅已는 좋아하는 마음, 싫어하는 마음을 자꾸 부처님께 바쳐서 본래 없는 줄 깨닫게 된다면 이라는 뜻으로, 그러면 본래 우리 속에 갖추어져 있는 상락아정常樂我淨[3]의 열반의 세계가 드러난다는 것입니다.

적멸위락寂滅爲樂[4] 상태의 지혜, 이것이 금강반야입니다. 본래부터 갖춘 지혜이며, 금생에 소멸하는 지혜가 아닌 내생까지 가지고 가는 영원한 지혜입니다. 본래 우리가 부처라는 사실을 발견한 그런 지혜입니다.

---

3 상락아정常樂我淨: 열반의 특성. 영원히 변하지 않는 상常, 괴로움이 없고 평온한 낙樂, 진아眞我의 경지로서 집착을 떠나 자유자재하여 걸림이 없는 아我, 번뇌의 더러움이 없는 정淨

4 생멸멸이 적멸위락: 생과 멸이 모두 없어져야 곧 적멸한 후에 비로소 참된 즐거움이 있음

금강경 교육은 최상의 교육

문혜聞慧, 사혜思慧, 수혜修慧를 현실 생활에 비추어 정리합니다. 우리는 지혜를 얻기 위해서 많이 노력합니다. 학생들은 좀 더 뛰어난 사람이 되기 위해서 좋은 대학에 가려고 합니다. 명문대학에서 훌륭한 교육을 통하여 인재가 된다고 생각합니다. 그렇지만 대부분의 국내 대학에서는 문혜를 살짝 넘는 지혜 이상을 제공하기 어렵습니다.

그러나 단순히 지식 습득 과정이 아니고 연구하고 토론하며 깊이 생각하는 교육 방법을 적용하는 외국의 명문대학에서는 사혜 수준의 교육을 받을 수 있습니다. 문혜를 뛰어넘어 사혜 수준의 지혜를 얻어 인재가 되려고 수많은 한국 유학생과 부모는 피나는 노력을 합니다.

그런데 금강경에서는 '탁월한 능력, 뛰어난 지혜를 얻기 위해서 바깥으로 찾아 헤매지 마라. 세계 최고의 명문대학에서 사혜 이상의 지혜를 얻어 인재가 되는 것이 아니다.'라고 합니다.

　4차 산업혁명 시대에 들어서 인공지능이 쓰나미처럼 몰려올 때 현재의 인재들은 모두 속수무책이 될 수밖에 없는데, 그럴 때 금강경에서 그 대안을 찾으라고 합니다. 탐진치가 본래 착각임을 깨달아 잠재의식의 지혜를 뛰어넘게 되면 인공지능을 제압할 위대한 지혜가 마음속에 존재함을 발견할 것입니다.

　마음속의 위대한 보배를 발견하면 물론 생사 해탈하는 도인도 되겠지만, 이를 세상에 활용하면 가난한 사람이 부자로, 무능한 사람이 능력자로, 무지한 사람이 지혜로운 사람으로 변할 수 있다는 것입니다. 보통 사람이 변하여 인재가 되고 영재가 됩니다.

　생각하고 또 생각해서 얻어지는 창의력, 사혜를 이용하여 사람들은 뛰어난 사업가가 되고, 가난에서 벗어나 부자도 되며, 편리한 기계를 개발하여 생활을 편하게 하는 발명가가 되는 등 능력자가 됩니다. 사혜는 심사숙고하고 또 연구해서도 얻어지지만, 수많은 잡념 그리고 잡념의 뿌리인 선입견을 부처님께 바침으로써 얻을 수도 있습니다.

　사혜에서 얻어지는 각종 창의력을 부처님께 바쳐서 한층 더 깊은 지혜를 얻을 수 있는데, 이 지혜가 수혜입니다. 수혜는 수도자가 생사를 해탈하고 열반의 세계로 진입할 수 있게 합니다. 그뿐 아니라 세상살이에 적용하여 평범한 사람을 잘살게 하고, 능력 있는 사람으로 만들어 내는 데 꼭 필요한 지혜입니다.

계정혜戒定慧는 삼학三學이라 하며, 출가자는 반드시 알아야 합니다. 분별심인 탐진치를 부처님께 바치는 행위는 계정혜 삼학 중 계戒에 해당합니다. 분별심을 부처님께 바쳐 환희심을 느끼게 된다면 이는 삼학 중 정定을 실천하는 것입니다. 이 환희심이라는 분별심, 즉 '나는 행복하다.'는 마음을 부처님께 바쳐 얻어지는 지혜가 수혜이며 이는 계정혜 삼학 중 혜慧를 실천하는 것입니다.

수혜를 세상 식으로 표현하면 '무지한 사람이 변하여 슬기롭게 되고, 무능한 사람이 변하여 능력자가 된다.'는 것입니다.

세상에서 많이 배운 사람이라도, 또 최고의 교육기관에서 철저하게 교육받고 훈련받아도, 지극히 평범한 보통 사람이 변하여 인재나 영재가 되는 일은 거의 불가능합니다.

그러면 이런 사람이 교육을 통하여 인재가 되고 영재가 되는 일은 영원히 있을 수 없는 일일까요? 그러나 만일 금강경 전문 교육기관이 있어 마음속의 탐진치를 닦아 수혜를 얻는 교육을 실시한다면 무능한 사람이 변하여 인재가 되는 일이 전혀 불가능하지만은 않습니다.

금강경에 나타난 부처님 말씀에 의하면 마음을 닦아 지혜가 생기는 과정을 잘 이해하고 실천하면 뛰어난 지혜를 얻게 됩니다. 이렇게 금강경으로 탐진치를 닦는 공부를 하면 국내 최고의 대학 또는 외국의 어떤 훌륭한 대학에서 공부하는 것 이상의 뛰어난 능력을 확실하게 얻을 수 있습니다.

뛰어난 지혜는 마음 밖에서가 아니고 마음속에 일어나는 각종 분별심을 부처님께 바침으로써 얻을 수 있다는 것이 바로 13분의 핵심 내용입니다.

"큰 지혜를 얻는 길을 마음 밖에서 찾아 헤매지 말라. 마음속에 모든 보배를 다 갖추고 있다."는 심경을 읊은 비구니 스님의 오도송이 있습니다.

    진일심춘불견춘 盡日尋春不見春
    망혜편답롱두운 芒鞋遍踏壟頭雲
    귀래소염매화취 歸來笑拈梅花臭
    춘재지두이십분 春在枝頭已十分

    날이 저물도록 봄을 찾아 헤매었건만, 봄은 보지 못하고
    짚신 발로 산언덕의 구름만 밟고 다녔다.
    돌아와 매화 가지 집어 향기 맡으니
    봄은 가지 끝에 한참이더라.

위 글을 오늘의 현실에 비추어 새로운 시구로 표현해 봅니다.

    부귀영화를 누리고자 전력을 다하여 찾았는데
    찾고 또 찾았다고 생각했건만 부귀영화 실감은 전혀 없네.
    젊었을 때 공부한 사구게 생각나, 제 마음 보며 바치니
    부귀영화 이미 제 속에서 다 갖추고 있음을 알았네.

금강경은 단단한 최고의 지혜를 얻는 가르침입니다. 두 주먹을 불끈 쥐고 마음을 다잡고 각고의 노력으로 찾는 것이 아니라, 내 속의 분별심만 부처님께 바쳐 본연의 모습을 깨달으면 아주 쉽게 발견됩니다.

금강반야를 얻은 보살은
불교에 집착하지 않는다

    마음을 닦아 금강반야를 얻은 수도자는 밝아지는 과정에 어떤 정해져 있는 길이 있지 아니함을 잘 압니다. 금강경 7분에 '무유정법無有定法 명名 아누다라삼막삼보리'라고 말씀하신 것처럼, 또 대도무문大道無門[5]이라는 말씀처럼 밝아지는 과정에 정해진 길이 있지 아니함을 잘 압니다.

    참선을 통해서만 밝아지는 것이 아니요, 염불을 통해서도 밝아질 수 있으며, 달마스님 같은 선지식을 통해서만 밝아지는 것이 아니라 원효스님 같은 선지식을 통해서도 밝아질 수 있음을 압니다. 왜냐하면 불교를 믿지 않더라도 아상만 없으면 곧 보살이요(유아상인상중생상수자상 즉비보살), 모든 상을 여의면 곧 부처님이기

---

[5] 대도무문大道無門: 사람으로서 마땅히 지켜야 할 큰 도리나 정도正道에는 거칠 것이 없다는 뜻, 누구나 그 길을 걸으면 숨기거나 잔재주를 부릴 필요가 없다는 말

때문입니다(이일체제상 즉명제불).

　우리는 달마스님이나 원효스님 같은 분 이외에도 역사상 밝은 분, 즉 아상이 없는 분이 적지 아니함을 알고 있습니다. 부처님의 가르침을 받지는 아니하였어도 공자님, 예수님 같은 분은 분명 밝은 분입니다. 왜냐하면 그분들의 모든 말씀과 행위는 한결같이 아상이 없으며, 또 아상을 없애는 길이 곧 영생을 사는 길임을 강조하시었기 때문입니다.

　따라서 금강반야를 얻은 보살, 즉 아상을 소멸한 보살은 팔만대장경의 말씀으로만 밝아질 수 있다고 생각지 아니합니다. 공자님, 예수님, 또는 마호메트 등 성인들은 모두 아상을 소멸하는 가르침을 통하여 사람들을 악도에서 벗어나게 하며 구원의 길에 이르게 하시기 때문입니다.

　부처님께서는 금강경 7분에 "일체현성一切賢聖 개이무위법皆以無爲法 이유차별而有差別, 사람들의 상황은 다 다르지만 모든 성인은 그들이 처한 상황에 따라서 아상을 소멸하게 하여 밝게 한다."라고 하셨습니다.

　금강반야를 실감한 밝은이는 금강경 공부가 최고라고 말하지 아니합니다. 왜냐하면 그의 마음은 이 공부가 최고라는 자만심이 착각임을 잘 알기 때문입니다. 그는 금강경 공부는 틀이 정해져 있지 않은 공부이며, 어떤 형태이든지 아상을 소멸하게 하는 공부라면 모두 금강경 공부와 다르지 않다고 생각합니다. 그는 자신이 하는 금강경 공부만을 최고라 하지 않음은 물론, 자신이 하는 공부만이 최고라고 하는 사람은 모두 잘못된 길을 가고 있음을 잘 압니다.

그는 지금까지 자신이 최고라고 주장한 각종 이념, 철학, 수련, 종교의 틀에서 모두 벗어납니다. 그는 사람들이 주장하는 각종 철학이 제각각 다른 듯해도 결국 하나의 원리로 귀결됨을 잘 압니다. 왜냐하면 사람마다 철학이나 종교가 다 다른 것은 각각 자신의 업보 업장이나 선입견이 다르기 때문이며, 이것이 사라진 밝은 사람에게는 이념, 철학 등 모든 것이 다르지 않고 평등함을 잘 알기 때문입니다.

그는 다음과 같이 말할 것입니다.

"너는 아직도 자력과 타력이 다른 것이라 생각하느냐? 유有는 존재하는 것이고 무無는 존재하지 않은 것으로, 유와 무를 다르다고 보느냐? 너는 아직도 불교나 유교 또는 기독교를 구분하고, 어떤 종교는 우수하고 어떤 종교는 열등하다고 생각하느냐? 너는 아직도 부처님과 하나님이 다르다고 생각하느냐?

나는 자력과 타력이 다르다고 보지 않는다. 자신이 궁하고 외로울 때, 부처님께 정성껏 빌어 이루어지면 이는 다 부처님 위력 덕분, 즉 타력으로 알았다. 그러나 마음속에서 아상이 사라져 일체유심조의 진리를 실감하게 되니 시시각각 소원이 다 이루어지고 있음을 알게 되었다. 아상이 있으면 자력과 타력이 다르게 보이나, 아상이 소멸되면 다르지 않게 보인다.

아상이 있을 때는 유와 무를 다르게 본다. 그러나 너와 나, 안과 밖을 구분하는 아상이 사라질 때 마음 밖의 유有는 마음속의 분별임을 깨닫게 되고 실제로 없는 것無임을 알게 된다. 일체유심조를 깨달은 사람은 유와 무의 구분이 사라진다."

금강경 공부를 통하여 자력과 타력이 다르지 않고 유와 무가 둘이 아님을 알게 되고 문자에 집착하지 않게 되면서 불교와 유교, 또는 기독교와 불교가 다르지 않은 가르침임을 실감합니다. 실제로 일상생활에서 금강경을 실천하면서, 기독교인이나 유교인 儒敎人과도 격의 없이 지낼 수 있습니다.

불교와 유교, 불교와 기독교는 다른 가르침이 아니다

금강경 17분에 부처님께서 '일체법一切法 무아無我 무인無人 무중생無衆生 무수자無壽者'라 하신 말씀을 타력 신앙종교의 가르침처럼 해석할 수도 있습니다.

돈을 벌어서 집을 사거나 지으면 사람들은 이는 당연히 내가 소유한 내 집이라 합니다. 하지만 금강경을 잘 실천하여 아상이 없어진 사람은 자신이 사는 집을 내 집이 아닌 부처님의 집이요, 부처님이 나에게 잠시 맡겨놓은 집으로 여깁니다.

보통 사람들은 내가 힘써 번 돈을 으레 내 돈이라 생각하지만, 금강경을 제대로 공부한 사람은 내 돈이 아니요, 부처님께서 잠시 나에게 맡겨놓은 돈으로 알게 됩니다. 따라서 돈을 쓸 때도 돈의 주인이신 부처님께 여쭈어 승낙을 얻은 연후에 씁니다. 여기서 부처님이란 마음 밖에 형상이 있는 부처님이 아닌 마음속의 부처님, 즉 '참나'를 의미하며, 기독교인이 말하는 '하나님'이나 유교에서 말하는 '하늘'과도 다르지 않습니다.

사람들은 힘들게 마련해서 살고 있는 이 집은 당연히 내 집이며, 내 집이니까 내 마음대로 처분해도 좋다고 생각합니다. 내 집이라 생각하고 이해타산에 따라 팔려 하지만, 그렇게 내 마음대로 팔리지 않습니다. 그러나 금강경 공부를 제대로 한 사람은 자신은 주인이 아니고 단순히 관리자일 뿐이라고 생각합니다. 주인이신 부처님(또는 잠재의식)의 목소리를 들어 승낙을 얻은 후에 팔려고 합니다. 지공무사至公無私[6]하신 부처님께서 집을 팔라고 승낙하시는 응답을 받은 경우, 반드시 부동산은 팔리게 되어 있습니다.

보이지도 않고 형상도 말씀도 없으신 부처님의 승낙을 어떤 방법으로 얻을 수 있을까요?

알고 싶은 것을 간절히 부처님께 바칠 때, 부처님께서는 여러 형태로 말씀하십니다. 명확한 느낌으로, 또는 선명한 꿈으로 응답을 표시하십니다. 또는 존경하는 스님의 모습이 되어 말씀하기도 하며, 의문에 대한 해답이 명확하게 마음속에 떠오르도록 하십니다.

독실한 기독교인은 집을 팔고 싶을 때 기도로 하나님의 응답을 구하며, 그 결과는 하나님의 뜻이라 믿을 것입니다. 원하는 대로 집이 팔리면 내 기도의 힘이라 생각지 않고, 하나님께서 기도에

---

6 지공무사至公無私: 지극히 공평하고 사사로움이 없음

응답하여 주셨다고 합니다. 불자들은 집을 판 것이 하나님의 뜻이요 기도의 응답이라고 주장하는 기독교인을 우습게 생각할 수도 있습니다. 그러나 금강경 공부로 자력과 타력이 다르지 않음을 아는 불자는 하나님의 응답이라고 하는 기독교인을 불자와 다르지 않게 봅니다.

보통 사람들은 처妻, 자식 하면 내 처, 내 자식으로 여겨 그들을 자신의 책임이라 생각합니다. 그러나 금강경을 공부한 사람은 내 처, 내 자식이라 하지 않습니다. 전지전능하신 부처님께서(잠재의식이) 보내주신 인연일 뿐이라고 생각합니다. 설사 원수 같은 처 자식이라 해도 부처님께서 내 진심嗔心 닦으라고 보내주셨구나 하며 감사히 맞이합니다.

그는 모든 사람과 사물의 임자가 부처님이고 자신은 관리인이라 생각하며, 집을 팔거나 돈을 쓰거나 사람을 다룰 때, 즉 모든 일을 처리할 때 일체 자신의 궁리나 꾀를 쓰지 아니합니다. 주인이신 부처님께 일단 여쭈며, 주인이신 부처님의 응답대로 행합니다.

이것이 금강경의 무아無我 무인無人 무중생無衆生 무수자無壽者를 제대로 현실에서 실천하는 것이며 밝아지는 길입니다. 또한 무능을 능력으로, 무지를 지혜로 바꾸는 길입니다.

윗글에서 부처님을 형상 없는 하나님으로 바꾸어 보면 금강경의 가르침은 기독교의 진리와 둘이 아님을 알 수 있을 것입니다.

사람들은 금강경에서 부처님의 가장 핵심적 말씀이 10분의 불응주색생심不應住色生心 불응주성향미촉법생심不應住聲香味觸法生心 응무소주應無所住 이생기심而生其心이라고 합니다. 이를 난제 해결에 초점을 맞추어 다음과 같이 해석할 수 있습니다.

"난제 해결 방법을 마음 밖에서 찾으려 하지 말라. 색성향미촉법에 주해서 마음을 내어서는 아니 된다. 자신의 마음속에서 찾아야 한다. 난제의 해답은 모두 제 속에서 찾을 수 있다."

공자님은 그의 핵심 사상을 논어에서 다음과 같이 말씀하셨습니다.

    군자구제기 君子求諸己
    소인구제인 小人求諸人

    군자는 난제 해결법을 자기 자신에게서 구하고
    소인은 난제 해결법을 사람들을 통하여 구한다.

동양철학의 대가요, 우리나라가 세계 최고의 나라가 되리라는 지혜로운 예언을 하신 분으로, 많은 불자에게 사랑을 받는 탄허스님(1913~1983)께서는 부처님의 가르침과 공자님의 가르침은 그 핵심에 큰 차이가 없다고 하십니다. 아마도 탄허스님께서는 송나라

유학자요 이인異人⁷인 소강절(1011~1077)을 서산대사에 못지않은 불제자라 말씀하실 것이고, 토정비결 저자인 토정 이지함 선생을 사명대사 못지않은 불자라 하실 것입니다.

실제로 선지식께서도 무신론자를 만나건 이교도인을 만나건 그들을 불교로 이끌려 아니하시고, 금강경 공부를 하도록 권유하지도 아니하셨습니다. 그저 그 사람이 처한 상태에 알맞게 말씀하셨습니다. 다음은 선지식께서 가톨릭 수녀에게 밝아지도록 하신 말씀입니다.

동국대학교 총장 때 일이다. 학교 일로 종종 천주교 신도들이나 수녀들과 만나게 되었는데, 그러는 동안 자연스럽게 친해져서 나중에는 속사정을 털어놓기도 하는 사이가 되었다. 어느 날, 수녀 한 분이 내게 자신의 괴로움을 하소연하였다.

몸과 마음을 천주에 다 바칠 것을 서약하고 수녀가 된 그네들이건만 아직 몸뚱이 착을 벗어나지 못한 인간이기에, 그네들 사회에서 빚어지는 마찰과 갈등 때문에 몹시 힘들다는 것이다. 여자들만의 폐쇄적인 사회여서 그런지 좀처럼 시기와 질투가 끊이지 않는데, 더욱 괴로운 것은 성직자라는 신분 때문에 가슴 밑바닥에서 끓어오르는 추악한 감정들을 차마 드러내지 못하고 속으로만 끙끙 앓을 때가 많다는 것이다.

⋄⋄⋄⋄⋄⋄⋄

7 이인異人: 재주가 신통하고 비범한 사람. 다른 사람

"어째서 근심 걱정이 생기는 것입니까? 그리고 소멸 방법은 무엇입니까?"

"선입견에서 근심 걱정이 생기고, 선입견이 소멸할 때 근심 걱정이 사라집니다."

"어떻게 하면 선입견을 소멸할 수 있겠습니까?"

"내 말을 믿고 그대로 따라 한다면 당신의 마음은 틀림없이 평화와 안정을 되찾을 수 있을 것이오. 할 수 있겠소?"

"하겠습니다."

"내일부터 아침저녁으로 금강경을 읽으시고, 밉다는 생각이나 괴롭다는 생각 혹은 그 밖의 어떤 생각이라도 일어나면, 그 생각을 부처님께 바치십시오."

그러자 수녀는 눈이 둥그레지며 말하였다.

"아휴, 총장님도…. 아무리 그래도 가톨릭 수녀인 제가 어떻게 불교 경전을 읽고 부처님을 찾을 수 있겠습니까?"

그래서 내가 말해 주었다.

"나를 믿고 찾아왔다면 내 말을 믿어보십시오. 가톨릭의 가르침이 불교와 다르다고 보는 것은 모두 잠재의식이 말하는 선입견에서 비롯된 것이요. 금강경이 무슨 경전인지 아시오? 부처님을 믿으라는 경이 아니오. 모든 선입견은 다 허망하니 버리라는 가르침일 뿐이요. 자신의 선입견을 버릴 때라야 진정 올바른 지혜가 임한다는 가르침인 것이요. 이런 가르침은 가톨릭 신자건 불교 신자건 다 받들어도 좋은 가르침이 아니오?"

"부처님께 바친다는 것은 무슨 뜻입니까?"

"부처님이 형상이 없는 것은 마치 하느님이 형상이 없는 것과도 같소. 근심 걱정을 바치면 근심 걱정이 사라지고 나라는 존재까지 없어지게 되지요. 나라는 존재가 없어지면 불교나 가톨릭이나 하나도 다를 것이 없게 느껴질 것이오."

6장

우리는 늘 바라는 대로 이루고 있다

기복불교가 정말 문제인가?

어째서 바람이니 소원이니 하는 단어가 생기게 되었을까요?

무엇을 하려 할 때 뜻하는 대로 노력하는 대로 잘 이루어진다면, 바랄 일도 바랄 마음도 일어나지 않을 것입니다. 그러나 하려고 하는데도 일이 잘 안 풀리는 경우, 있는 힘을 다하여 노력하는데도 일이 잘 이루어지지 않는 경우, 고민이 깊어지고 어찌 할 도리가 없습니다. 이때 소원이 생기고 '바라는 마음'이 등장합니다.

고등학교 이후 학창 시절 내내 나에게는 세 가지 소원이 있었습니다. 우선 첫 번째, 공부를 잘하고 싶었습니다. 치열한 생존경쟁 사회에서 살아남고 성공하려면 공부를 열심히 하고 잘해야 하는데, 공부는 하기 싫고 놀고 싶은 마음만 굴뚝같았기 때문입니다. 그다음은 대인관계가 원만하기를 바라는 것과 산만한 마음을 안정시키고 싶은 소원이었습니다. 모두 잘해 보려고 하였습니다만 이루어지지 않았습니다.

이 세 가지 소원은, 나의 행복과 직결될 뿐 아니라 사회에서 성공하려면 반드시 필요하다고 할 수 있습니다.

치열한 생존경쟁 사회에서 실력이 뒤떨어지면 어떻게 이 세상에서 살아남을 수 있을까요?

대인관계가 원만치 못한데 사회생활을 잘할 수 있을까요?

마음이 안정될 때 각종 능력이 나오니, 마음을 안정시키는 것은 세상 살아가는 데 가장 필요한 것이 아닐까요?

나는 학생 시절 머리가 좋아진다는 책이 있으면 찾아보고, 또 머리가 좋아지는 음식이라면 즐겨 먹기도 하며 공부 잘하는 사람이 되려고 노력하였습니다. 대인관계를 원만히 하기 위하여 동료나 선배들과 수시로 상의하기도 하였고, 또 수시로 산만해지는 마음을 다스리기 위해 책도 많이 보았습니다.

나름대로 세 가지 소원을 이루기 위하여 좋은 책도 읽고, 훌륭한 가르침이나 스승을 찾아 헤매고 다녔습니다. 하지만 노력이 부족한 탓인지 정성이 부족한 탓인지, 대학 졸업할 때까지 세 가지 소원에 대한 해결의 실마리를 전혀 찾지 못하였습니다.

이렇게 헤매던 대학생 때 부처님의 가르침을 만났습니다. 나는 부처님의 가르침에 내 소원을 성취하는 가르침이 있기를 기대하였습니다.

부처님께서 말씀하신 팔만대장경 수많은 가르침에 산란한 마음을 안정시킬 수 있는 가르침이 분명히 있을 것이라고 믿었습니다. 내가 아는 부처님의 가르침 중에는 생사 해탈의 거창한 가르침도 있지만, 사회에서 유능한 사람으로 살 수 있게 하는 소박한 가르침도 있으리라 생각하였습니다.

경전 읽기가 재미있고 선사들이 말씀하신 수행에도 취미가 있어, 수시로 독송하고 또 나름대로 열심히 수행하면서 세 가지 소원을 이룰 수 있는 길을 찾아 헤매었습니다. 특히 지장경, 관음경 등 불경에 보살님의 명호를 열심히 부르면 각종 소원을 성취한다는 말씀을 믿고 한때 열심히 염불도 해 보았습니다.

그러나 근본적으로 산만해지기 쉬운 마음을 다스리는 데는 별다른 효과가 있지 않았습니다. 책상머리에 앉아 책에 조금만 집중하려 해도 수많은 잡념이 들끓어 오르는 것은 불교 신행하기 전이나 마찬가지였습니다.

어찌하면 늘 산란하고 분주한 이 마음을 변화시켜 안정을 얻고 지혜를 얻을까?

1960년대 초, 조계사 뒤에 50여 평이나 될까 하는 조그만 강당에서는 간화선 가르침을 알리려는 큰스님들의 법문이 이어졌습니다. 여기서 종종 스님들의 참선 법문을 듣고 스님들이 시키시는 대로 참선 공부도 해 보았습니다. 당시 내가 아는 참선 공부는 정신 집중 훈련이었고, 정신을 집중하여 부처님의 참뜻이 무엇인지 진리를 깨치는 공부였습니다.

그러나 진지한 노력이 부족했을까요? 참선 공부도 수시로 산란해지는 내 마음에는 별다른 영향을 주지 못하였습니다.

어느 때는 집을 완전히 떠나 사찰에서 큰스님의 지도를 받으며

1개월간 본격적으로 참선 수행을 해 보기도 하였는데, 별 변화를 발견하지 못하였고 급기야 참선 수행을 포기하였습니다. 그리고 참선 가르침은 상근기의 사람이 큰 번뇌를 해결하여 성불하는 가르침이고, 나의 소원은 작은 번뇌를 해결하는 것이므로 스스로 성취할 수 있다고 생각하였습니다. 나는 근기가 작은 사람이어서 상근기에 해당하는 사람이나 하는 참선 공부는 나에게 맞지 않다고 생각한 것입니다.

당시 불교의 큰 스승으로 알려진 선생님께, 부처님의 어떤 가르침을 적용하면 나의 이 세 가지 소원을 이룰 수 있겠느냐고 여쭈어보았습니다.

"불교는 소원을 이룩하는 데 도구로 쓰는 가르침이 아니고, 깨달음을 얻고 생사 문제를 해결하는 가르침일세."

이렇게 엄숙하고 냉정하게 말씀하시는 것이었습니다.

60년대 당시에도, 불교 신앙 행태의 큰 문제점으로 기복성을 지적하는 목소리가 드높았습니다. 기복불교, 치마불교가 불교를 망친다고 하였습니다.

지금도 불교계에서는 불교 신자의 감소 추세를 회복하기 위하여 불자들의 이기적인 기복[1] 성향의 풍토를, 부처님을 닮고 부처님처럼 살려는 신행 풍토로 바꾸는 노력을 기울이고 있다고 합니다.

---

1 기복祈福: 복을 빎

"이 사람아. 불교란 무엇을 바라거나 구하는 가르침이 아닐세. 깨달음을 얻고 생사를 해탈하는 가르침이야!" 하시는 말씀은, 나로 하여금 불교를 새삼 생각하게 하였습니다.

'나는 기복불교를 하는 사람인 모양이다. 진정한 불자의 자격이 없는가.'라고 생각한 것입니다.

'내가 이 세상을 살아가는 데 꼭 필요한 세 가지 소원을 이루기 위하여 믿는 불교는 바람직하지 않은가 보다. 그렇지만 처한 상황에 따라 그 사람의 근기에 알맞게 수기설법을 하신다는 부처님께서 지금 이 땅에 오신다면, 나를 보고 어떤 말씀을 하실까? 소원성취를 위한 수행을 기복불교라 하시며 나무라실까?'

선지식이 말씀하시는 불교

이렇게 부처님의 가르침에 방황하고 있을 때 선지식을 만났습니다. 선지식께도 똑같이 질문하였습니다.
"불교는 소원을 이룩하는 데 도구로 쓰는 가르침이 아니고, 깨달음을 얻고 생사 문제를 해결하는 가르침입니까?"
"너의 소원이 무엇이냐?"
"공부는 해야겠는데 책상머리에 잠시 앉아 있으려면 각종 번뇌 망상이 쉴 새 없이 들끓어 공부가 잘 안되며, 마음을 추스르려 해도 잘 되지 않습니다. 공부가 잘 안되면 자연히 성적도 좋지 않을 것이고, 성적이 좋지 않으면 사회생활에도 지장이 많을 것입니다.
몇 년 전 저는 부처님의 가르침을 만나자마자 부처님 가르침에 깊이 빠져들어서, 각종 불경을 독송하고 할 수 있는 수행도 다 해 보았습니다. 그러나 제 관심의 초점은 늘 세 가지 소원을 어떻게 달성하느냐에 맞추어져 있었습니다.

이를 위하여 지장경, 관음경을 공부하며 지장보살, 관음보살을 수없이 불렀습니다. 약간 마음의 평화를 얻었다지만, 세 가지 소원을 이루는 데는 별 효과를 얻지 못했습니다.

그 뒤로 참선 공부를 만났습니다. 참선하는 사람들은 참선만이 정법이며 참선으로 모든 난제가 다 해결될 수 있다고 말하였습니다.

저는 마침 기회가 되어서 1개월간 월정사에 완전 출가하여, 참선 수행을 본격적으로 해 보기도 하였습니다. 하지만 제 노력이 부족한지, 또는 간절한 마음이 부족한 것인지, 참선 수행에서도 별다른 효과를 얻지 못했습니다.

제가 불교계의 대석학으로 믿고 존경하던 ○ 선생님은 불교 공부는 깨치고자 하는 공부일 뿐 소원을 이루는 공부는 아니라고 말씀하셨습니다. 정말 부처님 가르침을 통하여 제 소원을 이루는 것은 불가능한 일입니까?"

"불가능하지 않다. 부처님의 가르침을 잘 활용하면 네가 구하는 소원은 다 이룰 수 있다. 너는 관음보살, 지장보살의 명호를 부르면서 네 소원이 이루어지기를 기원하였다. 명호를 염송할 때 네 마음은 보살님의 위력을 활용하여 소원이 이루어지기를 바라는 이기적 마음이었다. 이기적 목적으로, 바라는 마음으로 한 염불은 곧 탐욕심의 연습이니, 탐욕심을 가지고 염불하는 사람에게 관음보살님께서 선물을 주시겠느냐?

그리고 참선을 한다고 하지만, 참선하는 네 마음은 속히 마음을 안정시켜 소원성취하겠다는 욕심의 참선이었다. 말하자면 탐욕심이 그득한 참선이었다. 그런 탐욕심으로 참선하는 것은, 마치 모래를 삶아 밥을 지으려 하는 것과 같아 뜻을 이루기 어렵다."

"바라는 마음, 구하는 마음이 없으면 어찌 얻을 것이 있겠습니까? 성경에도 '두드려라 그러면 열릴 것이요, 구하라 그러면 얻을 것이다.'라고 하였습니다."

선지식께서는 비록 청정 비구로 알려진 불자이시지만, 기독교에 대한 이해가 깊다는 소문을 들었기에 성경을 인용하여 말씀드렸습니다.

"부처님의 가르침은 성경의 말씀처럼 구해서 얻어지고 두드려서 열리는 그런 가르침이 아니다. 부처님께서는 이미 우리가 마음속에 각종 소원을 이룩하는 능력을 모두 구족하고 있다는 것을 일깨워 주셨다. 그러니 소원을 이루기 위해 구태여 보살님의 명호나 참선 공부에 의지할 필요가 없다.

네가 소원을 못 이루는 것은 염불을 열심히 하지 않아서도 아니고, 참선을 성실히 하지 않아서도 아니다. 소원을 이루지 못하게 하는 원인을 발견하여 제거하지 못한 것이 큰 문제였다. 네 소원을 방해한 것은 '못 한다, 안 된다' 하는 생각, 즉 아상이니, 이 아상만 제거하면 당장이라도 소원을 이루게 된다."

"그러면 공부를 잘 못하는 것, 대인관계가 원만치 못한 것, 마음이 산란한 것 등의 원인을 모두 제가 불러왔다는 말입니까?"

"그렇다. 너는 부처님과 같이 매우 위대한 존재이다. 너는 지금까지 경험한 행幸, 불행不幸이 모두 네가 불러온 것이라 생각하지 않겠지만, 실은 모든 고난과 행복은 다 네가 불러온 결과이다. 왜냐하면 너는 부처님처럼 위대하고 존귀한 존재이기에 시시각각으로 소원을 이루고 있기 때문이다.

열등하다는 마음, 아니 된다는 마음을 부처님께 다 바쳐라. 그리하면 열등하다는 마음이 사라지면서 너는 바로 능력자가 될 것이다. 아니 된다는 마음이 착각인 줄 알고 부처님께 바쳐 해탈하라. 그리하면 너는 그 자리에서 아니 될 일 없는 사람, 불가능이 없는 사람이 될 것이다."

이 말씀에 번쩍 새 정신이 나면서 나는 새로운 희망에 부풀었습니다. 그러나 얼마 안 되어 '나처럼 변덕스럽고 끈기 있게 버티지 못하는 사람도 이 공부를 끝까지 할 수 있을까? 금강경 공부를 처음에는 신들린 듯 좋아하다가 얼마 안 가서 그만두는 게 아닐까?' 하는 불안한 마음이 들었습니다.

"선생님 말씀을 들으니 희망이 가득 차고 기쁨이 솟아올라 당장이라도 출가하여 이 공부를 하고 싶은 생각이 듭니다. 그러나 잠시 후 '내가 무슨 일을 꾸준히 하는 사람이 아닌데 어찌 이 큰 일을 할 수 있을까' 하는 불안한 마음이 들기 시작하였습니다."

"나는 성실하지 못한 사람이다, 꾸준하지 못한 사람이다, 이런 생각으로 너는 너의 능력의 한계를 정하였다. 성실하지 못한 것이 사실fact이냐? 또는 성실하지 못하다는 것은 네 생각일 뿐이냐?"

"정말 저는 성실성이 모자라고 능력이 부족한 사람임이 틀림없습니다."

"아니다. 네 능력은 모자라지 않다. 네가 능력이 모자라는 사람이라 규정하고 있는 것일 뿐, 너는 못난 사람이 아니다. 스스로 못난 사람이라 규정하니 어찌 능력인들 생기겠는가?"

"그러면 선생님 말씀대로 공부가 잘 안 된다, 능력이 모자란다는 생각이 금강경의 말씀처럼 착각인 줄 알고 부처님께 바치면, 그 생각이 없어지는 것입니까?"

"그렇다. 공부가 잘 안 된다, 나는 다른 사람보다 열등하다는 생각은 착각이다. 그 생각이 잘못된 줄 알고 그 생각을 정성껏 부처님께 바쳐라. 바치다 보면 공부가 안 된다는 생각이 사라지게 되며, 의외로 공부가 재미있음을 발견할 것이다."

"그렇게 되면 무능한 저도, 변하여 능력 있는 사람이 될 수 있겠네요?"

"당연한 말이다. 안 된다는 생각, 열등하다는 생각이 잘못된 생각인 줄 알고 부지런히 부처님께 바칠 때, 안 된다는 생각이 사라지며 능력자로 변할 것이다. 열등하다는 생각이 뿌리까지 다 사라지면, 자신이 부처님과 같은 위대한 존재임을 발견하게 될 것이다."

"선생님께서 시키시는 대로 한다면 제 소원은 다 이루어질 것 같습니다. 그런데 불교는 소원을 성취하는 가르침이 아니라 깨치는 가르침이라고 하던데요?"

"사람들은 '깨침' 하면 참나를 발견하는 거창한 깨침만을 생각한다. 그러나 깨침이란, 분별심이 사라질 때 나타나는 지혜와 능력을 말하는 것이다. 작은 분별심이 사라질 때 작은 깨침이, 큰 분별심이 사라질 때 큰 깨침이 이루어진다. 깨치게 되면 지혜와 능력이 생기며, 동시에 소원도 자연스럽게 이루어진다. 아상이라는 큰 분별심까지 사라진다면 큰 깨침(대각大覺)으로, 이때는 부처님처럼 전지전능한 능력이 생긴다."

"선생님 말씀대로 안 된다, 모자란다는 생각(분별심)을 부처님께 바쳐 이 분별심을 해탈하는 것이 곧 깨치는 것이며, 깨치는 과정에서 사회적으로 무능한 사람이 유능하게 변할 수도 있습니까?"

"그렇다. 부처님의 가르침은 생사 해탈의 가르침이지만, 건강한 사회인이 되는 가르침이기도 한 것이다."

이처럼 선지식의 말씀은 지금까지 들어왔던 스님들의 말씀과는 판이하게 달랐습니다.

'안 된다, 못났다'라고 저 혼자 생각하며 안 되는 사람, 못난 사람으로 자신을 정하고 있으니, 부처님께 간절히 빈들 어찌 자기가 이미 정해놓은 못난 틀에서 벗어날 수 있겠습니까?

선지식께서는 스스로 자신의 운명을 불행하게 규정하여 불행한 사람이 되었으니, 그 마음을 바꿔 행복한 사람이 되어라 말씀하신 것입니다. 그리고 모든 불행과 축복이 자신의 마음이 만들어 낸 착각이라는 말씀을 종鐘소리에 비유하여 말씀하셨습니다.

시시각각 소원성취

"내가 조금 있다가 이 종을 칠 것이다. 종소리를 듣고 몇 가지 질문을 할 것이니, 대답해 보아라."

선지식께서 종을 치면서 법당에 먼저 들어온 도반들에게 질문하셨습니다.

"땡! 이 소리가 들리는가? 이 소리가 어디서 났는가? 대답하여라. 눈치로 대답하면 아니 된다. 언하대오言下大悟²라는 말이 있다. 머리 굴리지 말고 대답하라."

A 도반이 대답했습니다.

"종에서 나온, 종소리입니다."

B 도반은 이렇게 대답했습니다.

"처음에는 종에서 나온 소리로 들렸습니다. 그런데 한참 생각

---

2 언하대오言下大悟: 선지식의 말씀에 즉시 크게 깨달음

하니 그 소리는 종에서 나온 소리 같지 아니하고, 제 마음의 소리인 것 같습니다."

"A는 아직 공부가 멀었고, B는 공부가 반쯤 된 것 같다. 종소리를 자신의 소리로 들을 수 있는 사람은 공부가 상당히 무르익은 사람이요, 일체유심조의 진리를 깨친 사람이라 할 수 있다."

이 말씀을 듣고 육조단경에서 읽었던 유명한 혜능대사의 깃발 이야기가 생각났습니다.

마침 바람이 불어와서 깃발이 펄럭이는데 그걸 보고 스님들이 "바람이 움직인다." "깃발이 움직인다." 하였다.
혜능대사께서는 바람의 움직임도 아니며, 깃발의 움직임도 아니고 당신의 마음이 움직이는 것이라고 하셨다. (1장 「선지식을 만난 뒤 나의 변화」 부분 참조)

"종소리는 내 마음의 소리요, 내 분별의 표현입니다."
이렇게 대답할 수 있다면 그 사람은 바로 깨친이요, 도인이라 할 수 있습니다. 또는 죄업이 많이 소멸된 사람, 매우 지혜로운 사람일 것입니다. 그러나 '땡!' 하는 소리가 났을 때, 내 마음의 소리, 내 분별의 소리라는 것을 이해하기가 쉽지 않습니다.
특히 자연과학을 전공하는 사람은 "그게 어떻게 내 마음의 소리냐? 이 소리는 종에서 나오는 소리다. 종소리는 입자가 아닌 파장이며, 그중에서도 횡파橫波가 아닌 종파縱波다. 파장에는 진동수와 진폭이 있어서 정확하게 분석할 수 있다. 그러므로 종마다 진동수와 진폭이 다른 소리를 들을 수 있다. 따라서 이 소리는 A라는 종에서 나온 소리다."라고 명쾌한 논리를 펴며 이야기할 것입니다.

그러면 지혜로운 사람은 자연과학자에게 다음과 같이 질문할 것입니다.

"종소리가 종에서 나오는 소리라는 것이 사실fact이냐 또는 사실이라 생각할 뿐이냐?"

"종소리가 종에서 나온다는 것은 사실이 아니요, 자신의 생각일 뿐이며, 그 생각을 부처님께 자꾸 바친다면 그 생각이 착각임을 알게 될 것이다. 종소리가 종에서 나왔다고 믿었던 내 생각이 착각임을 알게 될 때, 비로소 종에서 나온 소리가 아니라 자신의 선입견에서 비롯된 소리임을 깨달을 것이다."

이처럼 자신의 선입견은 새로운 세상을 만듭니다. 지혜로운 이의 설명으로 "땡" 하는 종소리가 내 마음의 소리요 내 분별의 표현이라고 받아들이는 사람은, 바로 깨친이요 도인이라 할 수 있습니다. 그는 마음이 밝으므로 영고성쇠榮枯盛衰[3]의 주기 속에서 살더라도 이 영고성쇠가 자신이 만든 작품임을 알고 이 세상을 쥐락펴락하면서 능동적으로 살 것입니다.

---

3 영고성쇠榮枯盛衰: 인생이나 사물의 성하고 쇠함이 서로 뒤바뀌는 현상

그러나 종소리를 종에서 나는 소리로 판단하는 사람은 색성향미촉법色聲香味觸法에 영향을 받는 아상이 큰 사람으로, 인생의 영고성쇠가 다 자신의 작품임에도 자신이 만든 것인 줄 모르고, 영고성쇠에 이끌려 허덕허덕하며 수동적인 삶을 살게 됩니다.

선지식께서는 인생의 모든 행과 불행은 다 자신의 마음이 만든다는 일체유심조의 진리를, 시시각각 소원성취로 이해하라고 하셨습니다. 그리고 다음과 같이 더욱 실감 나게 표현하셨습니다.

"6.25 때 모두 300만 명이 죽었다고 하는데, 남쪽 사람들이 약 150만 명 정도 죽었을 것이다. 사람들은 이들이 모두 북한 공산당에 의해 살해당한 것으로 안다. 그러나 실은 북한 공산당이 죽인 것이 아니다. 스스로 죽겠다고 해서 죽은 것이다. 자신이 결코 죽지 않는다고 한다면 하늘도 죽이지 못하고, 임금도 죽이지 못하는데 어찌 북한 공산당이 죽일 수 있겠는가? 우리는 모두 부처님처럼 위대한 존재이기에 생로병사, 영고성쇠를 다 시시각각으로 소원성취하고 있을 뿐이다."

세 가지 소원을 이루다

일체유심조의 말씀을 들은 후, 세 가지 소원이자 난제를 불러들인 것이 바로 나 자신임을 알았습니다. 또 그 소원을 이루기 어렵다고 생각한 것도 참이 아니요, 내가 어렵다고 생각하고 난제라고 판단한 것이 결정적인 원인임을 알았습니다. 난제가 정말 난제가 아닌 내 분별이요 착각이라고 깨친다면, 그것은 이미 난제가 아니고 재미있는 일, 즐거운 일이 될 수 있습니다. 그러한 마음의 변화 과정에서 소원은 자연스럽게 성취될 것입니다.

난제가 실은 난제가 아니요 내 분별이며, 그 분별이 실은 착각이요 본래 없음을 알기 위해서 난제라는 생각을 부처님께 바친다고 합니다. 그런데 이 바치는 수행을 쉽게 할 수 있을까요? 이런 생각이 들었을 때 마침 어떤 사람이 선지식께 질문하였습니다.

"분별심을 부처님께 바치고 또 바쳐도 잘 아니 될 때, 어떻게 하면 이 분별심을 쉽게 소멸할 수 있을까요?"

"예전에는 공부하기 위하여 집을 떠났다. 집을 떠난다는 것은 조용한 곳으로 간다는 뜻이 아니다. 바로 업보에서 벗어난 공간을 찾는 것이다. 달마대사께서는 공부하려는 사람들에게 출가의 중요성을 말씀하셨다.

외식제연 내심무천 外息諸緣 內心無喘
심여장벽 가이입도 心如障壁 可以入道

밖으로는 모든 인연을 떨쳐 버리고
안으로는 마음이 헐떡거리지 않아
마음이 장벽처럼 요지부동할 때
가히 도에 들어갈 수 있으리라.

'외식제연'이란 사람들을 만나지 말고 조용한 곳에서 수도하라는 뜻이 아니다. 사람과 함께 있어도, 또 설사 복잡하고 힘든 일을 하고 있어도, 업보와 함께 있지 아니한 것을 말하는 것이다."
이때 선지식께서 어머니에게 하셨다는 말씀이 생각났습니다.

"아들과 남편을 가능하면 한집안에서 살게 하지 마시오."
"어째서 아들과 아버지를 떼어놓아야 합니까?"
"아들과 남편은 전생에 좋지 않은 인연을 맺어 부자지간이 된 것이요. 이런 나쁜 업보가 한집안에서 살게 되면, 서로에게 나쁜 정신적 파장을 보내게 되므로 두 사람 다 일이 아니 풀리게 되어 있소."

"세상에서 가장 가깝다는 부자지간도 원수가 될 수 있다는 말입니까?"

"가까운 가족에 오히려 좋은 업보보다 나쁜 업보가 더 많은 것이요."

이 대화로 나는 아버지와 전생에 좋지 않은 인연을 맺었음을 감지하였고, 집에서 공부하여서는 부처님 세계를 맛보기는 어려울 것이라 생각하였습니다.

사람들은 생존경쟁의 사회생활을 혼자서 헤쳐 나가기 어려우므로 가족 같은 집단이 도움을 준다고 생각합니다. 사람들은 부부, 부자, 형제 등과 같은 가족을 가장 친한 관계로 생각하고, 이런 관계를 잘 유지하는 것은 개인의 행복은 물론 치열한 경쟁사회로 나아가는 데 큰 힘이 된다고 생각합니다. 그런데 마음 닦아 밝아진 도인은 가족의 겉마음은 서로 돕는 것같이 보여도 속마음은 그렇지 않고, 심지어는 결정적으로 방해할 수 있다고 하십니다. 마음 닦아 밝아지고자 하는 사람이 자신의 힘을 키울 때까지 가족과는 잠시 멀리 떨어져 있는 것, 이것이 곧 '외식제연'입니다.

'내심무천'은 마음을 헐떡거리지 말라는 말씀입니다. 마음을 부처님께 향하고 탐진치를 닦으라는 말씀입니다. 우리는 각종 난제의 해법을 다 자신의 마음속에서 발견할 수 있으며, 무엇을 외부에서 구해야 할 존재가 아니요 부처님처럼 모든 것을 다 구족한 존재임을 알기 위해서입니다. 이런 믿음은 나로 하여금 안 된다는 생각이 착각인 줄 알게 하였고, 그 생각을 부지런히 부처님께 바치도록 하였습니다. 또 어렵다는 생각, 열등하다는 생각이 실은 다 착각인 줄 알게 하였습니다.

가족과 떨어져 출가하여 수행하면서 놀랄 정도로 부처님께 바치는 능력이 향상하였습니다. '안 된다'는 마음이 착각인 줄 알고 부처님께 바치니, '안 된다'는 마음이 사라짐을 실감하게 되었습니다. '싫다, 귀찮다'는 생각을 부처님께 바치니, 그런 생각들도 점차 없어졌습니다. '열등하다, 빈궁하다'는 생각이 잘못인 줄 알고 부처님께 바치니, 그 진하던 생각도 점차 엷어졌습니다.

처음에는 집을 떠나서 공부할 때 더 잘 되었으나, 나중에는 가족과 함께 지낼 때도 부처님께 바치는 힘이 커졌습니다. 바치며 자신이 서서히 변화였습니다.

공부하기 싫던 마음은 어느덧 사라져 공부가 싫지 않고 때로는 즐겁게도 느껴졌습니다. 이런 공부의 즐거움은 지식 위주로 공부하는 중·고교의 학습보다 진리를 탐구하는 대학원 교육에서 더욱 진가를 발휘하는 듯합니다.

밝혀지지 않은 자연의 비밀을 연구하는 대학원 과정에서 부처님께 바치는 공부는 더욱 유용하였습니다. 연구가 안 풀릴 때 그 생각을 부지런히 부처님께 바치면 쉽게 풀리곤 하였습니다. 바쳐도 잘 안 풀릴 때에는 '미륵존여래불' 하였습니다. 해답이 나올 때까지, 힌트가 생각날 때까지 계속 '미륵존여래불'을 염송하는 것입니다. 어느 때는 모르던 자연의 비밀이 꿈을 통하여 알아지기도 하였고, 느낌으로 알기도 하였습니다.

이렇게 금강경 공부를 꾸준히 한 결과 학생 때의 각종 소원은 다 해결하게 되었고, 나는 둔재에서 벗어나 인재의 대열에, 가난에서 벗어나 부자 대열로 합류하게 되었습니다.

무슨 생각이든지 부처님께 바쳐라

○

우리는 24시간 취해서 살고 있습니다.
색色에 취하고 식食에 취하고 잠에 취해서 살고 있습니다.
탐진치에 취해서 부귀영화에 취해서 처자식에 대한 애정에 취해서 살고 있습니다.

우리는 불평이라는 마약에 취해서 무능해졌고, 오만이라는 술에 취해서 무지해졌습니다.
취해서 사는 삶은 음주로 제정신 잃고 운전하는 것과 마찬가지입니다. 음주로 길이 제대로 보이지 않아 각종 사고를 내듯, 취해서 사는 삶은 자신이 부처님처럼 위대한 존재임을 망각하게 하여 스스로 탕자가 되어 각종 고난을 받습니다.

무슨 생각이든지 부처님께 바쳐라.
무슨 일을 하든지 부처님 기쁘게 해드리기 위해 하라.
무슨 일이든지 습관적으로 타성적으로 하지 말라.
항상 원을 세워서 하라.

이 말씀은 무슨 뜻인가?

취함에서 벗어나 제정신 차려라.
항상 깨어 있어라.
이기적 마음 씀씀이에서 벗어나 부처님 마음이 되어라.
탕자의 삶에서 벗어나 본래의 고향으로 돌아가라.

왜냐하면 타성적으로 살 때, 또 이기적으로 살 때 제정신을 잃어버리게 되기 때문입니다.

마음속에서 일어나는 각종 생각을 바칠 때 제정신이 차려지고 취함에서 벗어날 수 있습니다.
무슨 일을 할 때 자기만 잘된다는 이기적인 목적으로 일하지 않고 부처님 기쁘게 하는 마음으로 일을 할 때 부귀영화, 처자식, 각종 본능이라는 마약에서 벗어날 수 있습니다.

취함에서 벗어나 부처님의 세계로 들어갈 때 세상이 밝게 보입니다. 이 세상은 태양이 하늘에 몇 개 떠 있는 듯이 찬란합니다. 찬란한 부처님 세계에서는 모든 근심 걱정이 다 사라집니다. 그 세계에는 빈곤, 병, 외로움, 절체절명의 위기도 전혀 없습니다. 불평이 없고 오만이 없습니다. 모든 좋은 일로 꽉 차 있는 그곳엔 오직 기쁨과 공경심만이 가득할 뿐입니다.

이것이 무슨 생각이든지 부처님께 바치라는 뜻이요,
일을 하되 부처님 기쁘게 해드리기 위하여 일하라는 뜻입니다.

#03

새로운 패러다임의 종교로 제2의 르네상스를 이룰 수 있다

7장

인생의 내리막에 어떻게 대처할 것인가

성공의 로드맵

　우리나라 불자는 수행하면 으레 간화선 수행을 연상합니다. 간화선은 지금으로부터 약 1,000여 년 전 중국의 대혜종고스님으로부터 시작하여 우리나라에 전래된 수행법인데, 그 뿌리는 달마대사로부터 시작된 조사선에서 비롯되었다 하겠습니다. 조사선은 불립문자不立文字 교외별전敎外別傳 직지인심直指人心 견성성불見性成佛의 말씀처럼 마음 닦아 밝아지는 핵심을 곧바로 집어내는 수행을 통하여 한달음에 성불의 길로 들어가는 것을 특징으로 하는 돈적頓的 수행법입니다.

　간화선은 초발심[1] 때는 지극한 참회도 하고, 부처님께서 제정하신 계율을 성심껏 지니기도 하지만, 화두 참구로 홀연히 마음

1　초발심初發心: 처음으로 불문佛門에 들어가려고 발원하는 마음. 또는 그 사람

이 열리면 참회할 죄나 지켜야 할 계가 본래 없음을 깨닫고는 점수(漸修, 점차 깨닫는 수행)의 체계를 뛰어넘어 부처님의 경지로 단숨에 들어가는 특징이 있습니다.

소위 돈적 수행은 한달음에 부처가 되는 수행입니다. 수행 중 별다른 역경 없이 부처님 세계에 진입하는 최상근기 불자에게는 별문제가 없을 수 있습니다. 그러나 수행 과정에서 수많은 역경을 만나는 중하근기 불자는 간화선 수행을 하며 역경에 대한 처방이나 지침을 찾을 수 없어, 자칫 잘못하면 일생을 방황하다 변변한 깨달음도 얻지 못하고 고생할 수 있습니다. 간화선과 같은 돈적頓的 수행의 경우 종종 수행 과정이 생략되고 수행의 로드맵road map이 무시될 수 있다는 문제점이 있습니다.

선지식이 이끌어 주지 않는 수행이나 로드맵이 구체적으로 밝혀지지 않은 수행은, 비유하면 전등 없이 밤길을 걷는 것처럼 시간만 헛되이 보내고 방황하기 쉽습니다.

이때 금강경 16분은 수도자들이 헤매지 않게 하는 지침이 됩니다. 다음 구절은 각종 수행을 하는 모든 사람에게 도움이 되는 훌륭한 지침이 될 것입니다.

수지독송차경 약위인경천
受持讀誦此經 若爲人輕賤
시인 선세죄업 응타악도
是人 先世罪業 應墮惡道

이금세인 경천고
以今世人 輕賤故
선세죄업 즉위소멸
先世罪業 則爲消滅
당득 아누다라삼막삼보리
當得 阿耨多羅三藐三菩提

비록 금강경을 수지독송하여도
사람들에게 가벼이 여겨지고 천대를 받는다면
이 사람은 전생에 지은 죄업으로
사람 몸도 못 받고 악도에 떨어져야 하지만
주위 사람들에게 가벼이 여겨지고 천대를 받는 연고로
전생에 지은 죄업이 바로 소멸되며
마땅히 밝아지게 될 것이니라.

　어떤 수행이든 밝아지고자 하는 수행을 16분의 말씀 중 수지독송차경受持讀誦此經에 비유할 수 있으며, 수행할 때 맞닥뜨리는 여러 역경을 약위인경천若爲人輕賤에 비유할 수 있습니다. 특히 간화선같이 수행의 로드맵이 밝혀지지 않은 돈적 수행을 하는 수행자에게 각종 역경이 일어나는 경우, 선지식을 만나지 못하면 결국 낙심하여 공부를 포기할 가능성이 많습니다.
　약위인경천若爲人輕賤의 구절은 낙심하는 사람에게 무엇을 말하는 걸까요?

"수도자여! 수행 중 일어나는 각종 역경을 두려워 말라. 그 역경이란 전생에 지은 죄업으로 말미암아 나타난 현상이다. 이 역경의 고통에 마음이 흔들리거나 낙심하지 말라. 공부하는 마음을 포기하지 말라. 역경으로 인한 낙심을 부처님께 바쳐라. 흔들리지 않는 수행의 마음을 지속할 수 있다면, 즉 역경에서도 부처님 향하는 마음이 흔들리지 않는다면, 고통을 받을 때마다 전생에 지은 각종 죄업이 하나하나 제거되며 머지않아 각종 역경은 다 사라질 것이다. 드디어 선세의 죄업이 소멸됨과 동시에 역경도 사라지며 수행이 원만하게 이루어져서 결국 밝아지게 되느니라."

이렇게 금강경 16분을 이해할 수 있다면, 비록 선지식 없이 혼자 수행하더라도 각종 마장[2]의 뜻이 무엇인지를 분명히 알고 벗어나게 되며, 마침내 견성성불의 대업을 이룩할 것입니다. 이런 점에서 16분은 수행자에게 수행 중 마장이 일어날 때 훌륭한 지침이며, 수행의 로드맵이라고 할 수 있습니다.

이러한 수행의 로드맵은 수행자가 역경을 극복하고 밝아지는 데 꼭 필요한 가르침일 뿐 아니라, 세상에서 평범하게 살면서 각

---

2 마장魔障: 귀신의 장난이라는 뜻으로, 일의 진행에 나타나는 뜻밖의 방해나 헤살을 이르는 말

종 고난에서 벗어나기를 바라는 사람이나 크게 성공하고 싶은 보통 사람에게도 매우 도움이 되고 꼭 필요한 가르침이라 하겠습니다.

어떤 사람이 부유한 집에서 태어나 별 어려움이 없이 좋은 대학을 나와서 좋은 직장을 얻고 또 훌륭한 배우자를 만나 탄탄대로로 행복하게 살고 있다고 가정해 봅시다. 그러나 생자필멸生者必滅[3] 회자정리會者定離[4] 성자필쇠盛者必衰[5]라는 부처님의 말씀처럼, 이 사람은 언젠가 반드시 재난을 당해 내리막길을 걸을 수도 있습니다.

우리나라 속담에 초년에 일찍 출세하는 사람이 말년 복이 적다는 말처럼, 고생을 모르고 실패를 맛보지 않은 사람들이 한 번 큰 재난을 당했을 때 속수무책이 되는 경우가 대부분이어서 젊은 날의 부귀영화가 물거품처럼 사라지는 경우가 허다합니다.

젊은 날의 부귀영화가 사라지는 경우 대부분 사람은 '어찌하여 사라지나.' 하고 탄식하지만, 그 원인이 무엇인지 정확히 알지 못하므로 대개 회복하지 못합니다. 경우에 따라 간혹 역경을 딛고 예전의 영광을 재현하는 경우가 없지 아니한데, 재기한 사람도 역시 그 원인을 정확히 진단하지 못하는 경우가 대부분이어서 다

---

3 생자필멸生者必滅: 생명이 있는 것은 반드시 죽음
4 회자정리會者定離: 사람은 누구나 만나면 헤어지기 마련이라는 뜻으로, 인생의 무상함을 이르는 말
5 성자필쇠盛者必衰: 아무리 성한 사람도 반드시 쇠할 때가 있다는 말

시 추락할 가능성이 있습니다.

  금강경 16분의 가르침은 전문 수도자가 아닌 보통 사람에게 탄탄대로에서 어째서 갑자기 내리막길로 떨어지게 되었는지 그 원인을 제시할 뿐 아니라, 내리막길에서 다시 회복하는 방법과 원리를 가르쳐 주어서 영고성쇠의 사이클을 벗어나 영원한 행복을 얻게 해 주는 지침도 된다 하겠습니다.

새옹지마 塞翁之馬와 금강경 16분

중국 고사성어에 '새옹지마'라는 말이 있습니다. 새옹이라는 말은 변방(邊方; 국경지대)에 사는 노인翁이라는 뜻인데, 새옹지마란 '인생의 길흉화복은 알 수 없다.'는 뜻입니다.

중국 변방에 사는 한 노인이 가장 애지중지하여 생명처럼 소중히 여기던 말이 집을 나가버렸습니다. 그러나 이 노인은 그리 실망하지 않았습니다. 주위 사람들이 위로하는 말에 아랑곳하지 않고 "나쁜 일 뒤에는 좋은 일도 있지." 하며 낙관하였습니다.

과연 이 노인의 낙관대로 얼마 안 되어 집을 나간 말은 또 한 마리의 말을 끌고 들어왔습니다. 주위 사람들 모두 노인에게 경사가 났다며 기뻐하였습니다. 노인은 별 반응 없이 "인생의 길흉화복을 알 수 있나요? 그것이 좋은 일인지 아닌지는 두고 보아야 알겠지요."라고 말할 뿐 전혀 들뜨지 않았습니다.

노인의 말대로 말이 새로 들어왔다고 좋아할 일만은 아니었습니다. 왜냐하면 노인의 아들이 새 말을 타다 낙마하여 다리가 골절되었기 때문입니다. 사람들은 "참 안 되었네요."라고 위로하였습니다. 이 위로에도 노인은 아랑곳하지 않고, 여전히 "사람의 길흉화복은 알 수 없지요."라고 대답하였습니다. 얼마 후 나라에 큰 전쟁이 나서 젊은이들이 모두 전쟁터로 징집되었는데, 전화위복이라 할지, 다리를 다친 노인의 아들은 용케 징집에서 면제되었습니다.

이런 사실을 두고 인생의 길흉화복은 알 수 없다고 하여 새옹지마라는 말이 탄생하였습니다. 새옹지마라는 고사성어와 금강경 16분을 같이 연관 지어 살펴봅시다.

길吉한 일, 흉凶한 일이란 것이 본래 정해진 것이 아닙니다. 사람의 마음 씀씀이에 따라 길이 흉으로 변하기도 하고 흉이 길로 변하기도 합니다. 변방에 있는 노인은 역경이 있을 때 역경이라 이름 짓지 아니하였습니다. 이 노인은 역경이라는 생각이 떠올라도 그 생각을 부처님께 바치는 지혜가 있었나 봅니다. 자기도 모르는 사이에 금강경 16분의 말씀을 활용한 것입니다.

  수지독송차경 受持讀誦此經
  약위인경천 若爲人輕賤

비록 금강경을 수지독송하여도

사람들에게 가벼이 여겨지고 천대를 받는다면

노인이 애지중지하던 말을 잃어버려 괴로운 심정을 금강경 16분의 약위인경천에 비유할 수 있습니다. 그러나 노인은 주위 사람들의 위로에도 아랑곳하지 않고 "나쁜 일 뒤에는 좋은 일도 있지." 하며 낙관하였는데, 이러한 낙관을 금강경에서는 수지독송차경으로 표현하였습니다.

수지독송하는 마음, 즉 늘 부처님 향하는 마음이 나쁜 일을 당해도 흔들리지 아니하고 낙관하게 만든 것입니다. 이 낙관은 결국 좋은 일을 불러왔고, 사람들은 경사가 났다며 노인을 축하하였습니다. 그런데 주위 사람들이 축하해도 노인은 역시 별 반응 없이 "인생의 길흉화복을 알 수 있나요? 그것이 좋은 일인지 아닌지는 두고 보아야 알겠지요."라고 대답할 뿐 전혀 들뜨지 않았습니다. 정말 노인의 말대로 좋은 일만은 아니었습니다. 노인의 아들이 새 말을 타다 낙마하여 다리가 골절되었기 때문입니다.

어째서 좋은 일 뒤에 나쁜 일이 발생할까요?

일찍이 선지식께서 좋은 일 뒤에 나쁜 일이 발생하는 원인에 대하여 다음과 같은 예를 들어 설명하셨습니다.

우리나라 사람은 지금도 일본 사람을 무시하고 증오한다.

우리나라 사람은 늘 주장한다. 선조들은 일본에 피해를 준 적이 없음은 물론, 늘 우수한 문화를 전달하였는데 일본은 역사적으로 항상 우리를 괴롭히고 침략하였으며, 심지어 조선 말기 35년간 우리나라를 불법으로 지배하여 수많은 사람을 핍박하고 무고한 인명을 살상하며 수많은 재산을 약탈해 갔다고 말이다.

우리나라 사람들이 이처럼 일본 사람을 증오하는 것은 과연 바람직한가?

지혜로운 사람은 남을 원망하기 전에, 어째서 이런 일이 발생하게 되었나를 먼저 생각한다.

잘 살펴보면 반드시 우리 조상이 일본으로부터 핍박받을 원인을 제공했음을 알게 된다. 우리 조상이 일본을 침략하지 않았고 훌륭한 문화를 전달하여 도와준 것이 사실이지만, 또 한편으로는 일본 사람보다 우월하다는 자부심이 있어 일본 사람을 형편없이 무시한 것도 사실이다.

우리나라가 일본으로부터 35년간 갖은 핍박을 당한 것은 알고 보면 모두 우리 조상이 스스로를 자랑스럽게 생각하고 일본을 한없이 무시한 것이 결정적 원인이었다.

부처님의 가르침으로 보면, 모든 일은 다 원인에 따라 결과를 받는 것이다. 우리가 스스로를 과시하면서 상대를 철저히 무시하였기에 결국 우리 역시 무시를 당하였다. 우리가 오만하지 않고 도와주기만 하였다면 어찌 일본이 우리를 핍박할 수 있었겠는가.

그러므로 자신이 잘될 때 오만하지 말아야 한다. 자신이 잘났다고 남을 무시하고 심지어 억누르면 결단코 안 된다. 오만은 자신을 내리막길로 몰고 가는 주범이다.

　노인의 아들이 어째서 낙마하게 되었을까요? 아마도 노인의 아들은 주위 사람들이 경사가 났다고 하는 말에 같이 마음이 들떴을 것이고, 들뜬 마음이 나쁜 일을 불러온 것이라 할 수 있습니다.

　　이금세인 경천고 以今世人 輕賤故
　　선세죄업 즉위소멸 先世罪業 則爲消滅

　　주위 사람들에게 가벼이 여겨지고 천대를 받는 연고로
　　전생에 지은 죄업이 바로 소멸되며

　그러나 노인의 아들은 금강경의 말씀처럼 들뜨고 잘난 척하는 마음이 내리막길을 가게 하는 원인임을 알았나 봅니다. 그는 낙마와 골절의 역경을 묵묵히 선세 죄업의 결과로 알고 즐겁게 받아들여서 다시 좋은 일을 불러왔습니다.
　역경을 엄연한 사실fact이라고 확신하는 한, 역경은 축복으로 바뀔 수 없습니다. 역경은 사실이 아니고 분별일 뿐이라고 할 때에만, 비로소 역경이 축복으로 바뀔 수 있는 가능성이 생기게 됩니다.

잠재의식과 성공의 로드맵

　수행 중 각종 역경을 극복하고 드디어 밝아질 수 있게 하는 수행의 로드맵을 좀 더 구체적으로 설명하기 위하여, 현재의식과 잠재의식 등 유식사상唯識思想이 성공의 로드맵과 어떤 관계가 있는지 살펴봅니다.

　성공하고 싶은 사업가가 있었습니다. 독실한 불교 신자인 그는 자신의 능력만으로 도저히 사업이 성공할 수 없음을 잘 알고, 부처님의 힘을 빌려 성공하려고 했습니다. 그는 미래를 잘 안다는 소문난 선지식을 찾아갔습니다.
　"제 실력만으로는 이 사업에 성공할 수 없을 것 같습니다. 위대하신 부처님의 힘을 빌려 성공하고자 합니다. 어떻게 부처님께 기도하여야 이 사업이 성공할 수 있습니까?"
　선지식은 아마 다음과 같이 이야기하였을 것입니다.

"암, 당신이 진정으로 원하면 사업은 별 어려움 없이 훌륭하게 성공할 수 있지요. 그런데 당신이 원하는 대로 사업이 성공하지 못하는 이유가 무엇일까요? 사업 자금이나 능력이 부족한 것이 아니요, 또 부처님에 대한 기도나 정성이 부족한 것도 아닙니다. 그럼 무엇 때문일까요? 당신이 진정으로 성공을 원치 않기 때문이요."

이 말씀을 들은 사업가는 펄쩍 뛰며 부인합니다.

"무슨 말씀이십니까? 제가 이 사업이 성공하기를 원하지 않다니요? 제가 얼마나 간절히 바랐는지 선지식께서는 잘 모르실 것입니다. 저는 이 사업을 위하여 없는 돈을 끌어대었고 사업 성취를 위하여 하루에 1,000배 이상 절을 100일도 더 하였으며 수없이 관세음보살을 염송하였습니다. 제가 능력이 부족하고 사업 자금이 모자라 사업에 성공하지 못하였다면 말이 되어도, 제가 원하지 않아서 사업이 안 된다 하시면 말이 안 됩니다."

"당신의 현재의식이 사업이 성공하기를 원하는 것은 사실이요. 그러나 당신의 잠재의식은 성공을 진정으로 원하지 않아요. 사업이 성공하기를 바라는 현재 마음을 당신의 잠재의식이 곧이들을 때까지 계속 기도하시오. 당신의 잠재의식이 진정으로 원할 때 당신의 사업은 순식간에 이루어질 것이요."

성공의 참 원인은 무엇인가? 또 실패의 참 원인은 무엇인가?
성공하지 못하는 이유가 있다면 그 사람이 현재의식(제6식)을 잠재의식(제7식, 말나식)에 일치시키지 못하고 갈등하였기 때문입니다.

잠재의식이 성공을 바라면 내리막길의 사업이 성공하고, 잠재의식이 원하지 않으면 잘나가던 사업도 내리막길을 갑니다. 사업이 내리막길을 걷는 것은 실은 자신의 잠재의식이 실패를 원하기 때문입니다.

잠재의식이란 바로 전생에 지은 업(業, 8식)에 의하여 형성된 마음입니다. 성공과 실패는 모두 현재의식보다는 잠재의식에 훨씬 더 많은 영향을 받습니다. 현재의식은 흔들리는 마음(動心)으로, 주위 환경에 영향을 미치지 못하지만, 흔들리지 않는 마음(不動心, 잠재의식)은 주위 환경에 강력한 영향을 미칩니다.

비록 능력이 없어도 기도를 통하여 훌륭하게 목표를 달성하는 사람이 있고, 능력이 꽤 대단하고 기도도 열심히 하는데도 목표를 달성하지 못하는 사람이 있습니다. 경우에 따라서는 아무런 기도를 하지 않아도 한순간에 목표에 도달하는 사람도 없지 않습니다.

한순간에 목표를 성취하는 사람이 있다면, 이 사람은 현재의식의 말을 잠재의식이 바로 곧이듣는 경우요, 이런 사람을 세상에서는 깨친 사람, 도인이라 합니다.

목표 달성에 시간이 오래 걸리는 사람이란 현재의식의 말을 잠재의식이 곧이듣는 데 시간이 걸리는 사람인데, 이 사람은 도인의 반열에서 먼 사람이요, 더욱더 중생적 특징을 나타내는 사람이라 하겠습니다.

어떤 사람의 잠재의식이 현재의식을 쉽게 따르는 것일까?

숙세(宿世; 전생)에 닦은 정도, 즉 아상의 소멸 정도에 따라 다릅니다. 아상을 소멸한 사람의 잠재의식은 바로 현재의식의 말을 따르고 신속하게 목표를 달성합니다. 그러나 잠재의식이 현재의식의 말을 잘 따르지 않는 사람은, 잠재의식에 남아 있는 아상이 현재의식을 따르는 것을 방해하기 때문에 목표 달성에 상당한 시간이 걸리거나 결국 이루지 못합니다.

수지독송차경 약위인경천
受持讀誦此經 若爲人輕賤

비록 금강경을 수지독송하여도
사람들에게 가벼이 여겨지고 천대를 받는다면

수지독송차경受持讀誦此經하는 마음은 현재의식을, 약위인경천若爲人輕賤하는 것은 현재의 내 상태를 나타내는 것입니다. 현재의식이 분명히 금강경을 독송함에도 약위인경천若爲人輕賤하는 불행한 일이 생기기도 합니다. 잠재의식은 금강경을 독송하지 않고 '나는 무거운 죄를 지었소. 나는 마땅히 악도에 떨어질 큰 죄를 지었단 말이요.' 하고 중얼거리기 때문입니다.

현실이란 곧 잠재의식이 그린 그림이기에, 잠재의식이 '내가 죄를 지었소.' 한다면 약위인경천하는 현상이 벌어지는 것입니다. 그런데 이 사람이 현실에 나타나는 각종 재앙에도 마음이 흔들리지 않고 꾸준히 금강경을 수지독송하면, 결국 잠재의식은 현재의식이 독송하는 금강경의 부처님 말씀을 곧이듣게 되며, 죄란 본래 없는 것이라고 믿게 되어서 죄업의 고통에서 벗어나 결국 밝아진다는 말씀입니다.

이런 사람은 늘 부처님과 함께하는 삶을 살게 되므로 도처에 극락세계를 이룹니다.

인생의 영고성쇠도 자신의 생각대로

　생자필멸生者必滅 회자정리會者定離 성자필쇠盛者必衰라는 불가의 말씀처럼 사람의 일생에는 축복만 있는 경우가 거의 없고, 또 재앙만으로 일관한 예도 거의 없이, 거의 다 영고성쇠榮枯盛衰의 주기 속에서 산다 하겠습니다.
　그런데 어째서 생자生者는 필멸必滅이고, 회자會者는 정리定離며, 성자盛者는 필쇠必衰가 되는 것일까요?
　어느 경우에 영榮과 성盛이, 어느 경우에 고枯와 쇠衰가 이루어지는 것일까요?
　금강경 16분에서 성자필쇠니 영고성쇠니 하는 불가의 말씀에 대한 해석이 가능합니다.
　현재의식과 잠재의식이 모두 부처님 전에 복을 짓거나 또는 함께 금강경 독송하는 마음이면 영榮과 성盛을 이루는 것이요, 비록 현재의식은 부처님께 복을 좀 짓고 경을 읽어도 잠재의식이

'나는 죄지었소.' 하면 고苦와 쇠衰를 이루는 것입니다. 비록 고苦와 쇠衰로 인한 고통이 있어도 포기하지 않고 꾸준히 금강경을 독송한다면, 결국 잠재의식은 금강경을 독송하는 마음으로 되돌아옵니다. 또한 죄란 본래 없는 것임을 깨치게 되므로 괴로운 운명의 사슬에서 결국 벗어나 밝고 행복하게 살게 됩니다.

어째서 영榮 다음에 고枯가 따라오고, 고枯가 뒤집혀 성盛이 되는 것일까요? 또 어째서 성盛이 변화하여 쇠衰가 되는 것일까요?

부귀영화가 오래 지속되면 죄를 지은 잠재의식은 그것이 영원한 것이 아닌데도 영원한 것으로 착각하고, 이만하면 되었다며 스스로 만족합니다. 우리는 부처님처럼 모든 것을 구족한 위대한 존재이기 때문에 실은 자만할 것이 없는데도 자만할 것이 존재한다고 보는 착각 현상이라 할 것입니다. 이런 착각을 되풀이하면 이는 어두컴컴해지는 연습이어서 결국 마음은 컴컴하게 되고 끝내 고난을 불러옵니다. 따라서 영榮에서 고枯로 전락轉落하게 됩니다.

그러면 어떻게 고枯에서 성盛으로 다시 변화할까요?

금강경 독송을 통해 고枯가 착각이며 본래 없는 것이라는 가르침을 마음에 새기고, 잠재의식까지 이를 곧이듣게 함으로써 고枯의 현상이 성盛으로 변화하게 합니다. 성盛을 지속하게 하는 힘, 즉 '죄란 착각이며 본래 없는 것'이라는 마음이 잠재의식을 계속 지배하는 경우 이 사람은 쇠衰의 과정, 즉 악도의 과정을 거치지 않고 곧바로 부처님 세계로 들어간다 하겠습니다.

무시겁으로 지은 업보업장으로 말미암아 아주 잘 닦는 소수의 사람을 제외하고 대부분 사람은 '나는 죄지었소.' 하는 잠재의식으로 인하여 영고성쇠의 주기 속에서 살 수밖에 없으며, 따라서 인생은 오르락내리락 할 수밖에 없습니다.

선지식의 말씀에 의하면 영고성쇠는 주기적으로 나타나며 재앙도 축복도 주기적으로 돕니다. 따라서 번뇌 망상이나 마음의 평화 역시 모두 주기적으로 돈다고 합니다. 고진감래苦盡甘來라는 말처럼 실패 다음에는 반드시 성공이 뒤따르는 것입니다.

악행을 하는 사람도 잘나가는 것처럼 보일 때가 있습니다. 그때의 현재의식은 살생, 투도, 사음 등 나쁜 짓을 하지만 잠재의식은 '나는 복 짓고 있다.'라고 하기 때문입니다. 주변에서 '하늘도 무심하지. 어떻게 저런 놈이 잘될까?' 하지만, 그의 잠재의식이 '나는 잘되는 사람이다.' 하는 것입니다.

이와는 반대로 현재의식이 아무리 열심히 해도 안 되고 뒤로 자빠져도 코가 깨지는 때가 있습니다. 그것은 잠재의식이 '나는 죄지었소.' 하기 때문이며, 이때는 내리막길을 가게 됩니다.

영고성쇠의 주기

연령과 수행 정도에 따른 영고성쇠의 주기를 그림으로 살펴보겠습니다.

사람이 100살까지 산다고 가정하고 가로축은 연령, 세로축은 성공(성취)의 정도, 즉 번뇌 소멸의 정도입니다. 번뇌를 많이 소멸할수록 더 크게 성공하고 성취할 수 있다고 생각합니다. 최고의 성취는 견성성불로 부처님의 경지이며, 이것을 100으로 하였습니다. 그다음 75를 깨친이(도인 경지)의 수준으로, 50은 성공한 인생, 25는 평범한 인생, 25 이하는 축생 및 악도에 떨어지는 인생으로 하였습니다.

성취도는 네 가지 유형으로, 〈그림 1〉과 〈그림 2〉는 금강경 독송을 하지 않는 보통 사람의 성취도이며 보통 사람과 소년등과형입니다. 〈그림 3〉과 〈그림 4〉는 금강경을 수지독송하는 수도자의 성취도이며 돈오점수형과 돈오돈수형입니다.

그림에서 상승 곡선은 잠재의식이 '나는 복을 지었소.'라고 말

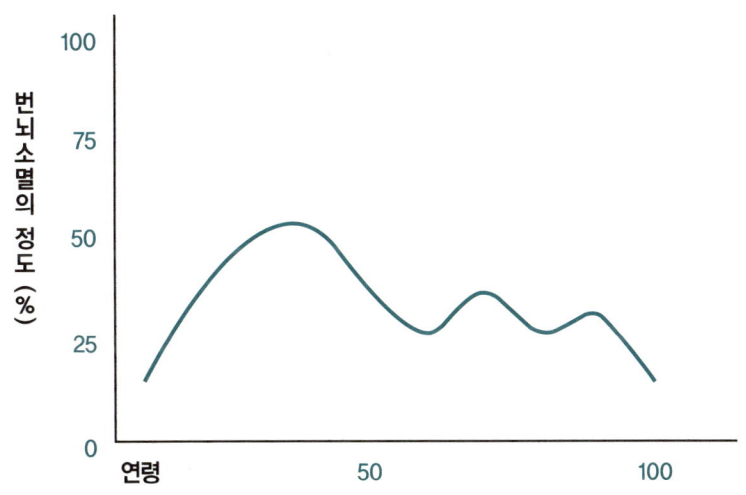

〈그림 1〉 보통 사람의 성취도

번뇌소멸의 정도 100 부처님 경지, 75 깨친이(도인), 50 성공한 인생, 25 평범한 인생

하는 성공과 번성의 기간으로, 언젠가 전생에 복 지었을 때와 일치하며 신심과 공경심이 가득합니다. 하향 곡선은 잠재의식이 '나는 죄를 지었소.'라고 말하는 실패와 쇠퇴의 기간으로, 전생에 죄지었을 때이며 소득심과 퇴타심으로 가득 찬 상태입니다.

보통 사람들은 〈그림 1〉에서처럼 오르락내리락하게 됩니다. 성공의 상승기에서 왜 내리막길로 가게 될까요? 그 원인은 이만하면 되었다며 만족하고 잘난 척하는 소득심입니다. 그때 겸손한 사람은 쭉 뻗어 올라갑니다.

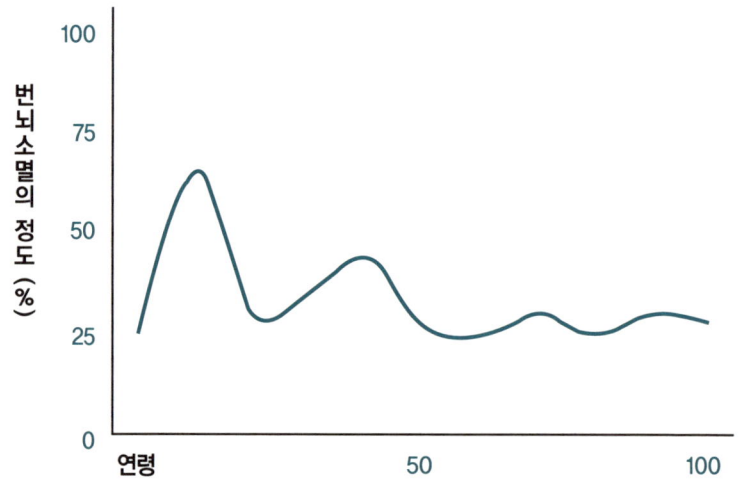

〈그림 2〉 소년등과(少年登科)형 성취도

번뇌소멸의 정도 100 부처님 경지, 75 깨친이(도인), 50 성공한 인생, 25 평범한 인생

〈그림 2〉는 소년 시절 출세하는 사람의 성취도입니다. 젊어서 크게 성공하고 출세한 사람들은 대부분 치심, 즉 자기가 잘났다

고 생각하는 마음을 쉽게 내므로, 성공을 유지하지 못하고 말년이 그리 좋지 못합니다.

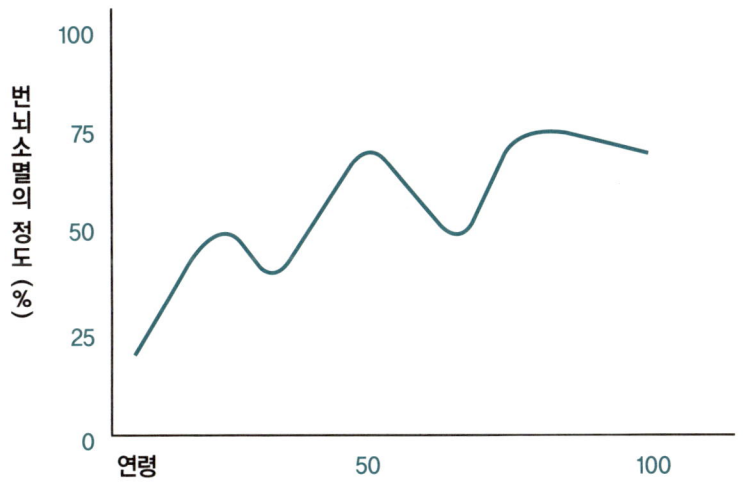

〈그림 3〉 돈오점수형, 중하근기 수도자의 성취도

번뇌소멸의 정도 100 부처님 경지, 75 깨친이(도인), 50 성공한 인생, 25 평범한 인생

〈그림 3〉 돈오점수형은 중하근기 수도자의 성취도입니다. 수도 중 역경도 많고 세상에서 실패도 경험합니다. 그러나 금강경을 공부하는 수도자는 난관이나 역경을 선세에 지은 죄업의 결과로 알고 다른 사람이나 세상을 원망하지 않고, 즐겁게 역경을 감수합니다.

절망의 마음이 착각인 줄 알고 부처님께 부지런히 바치며 금강경을 독송하여, 수없이 많은 역경을 축복으로 바꾼 그림입니다.

중하근기의 수도자는 공부 중 역경이 생기고 성취가 지지부진

한 경우에 실망하고 퇴타심을 낼 것이 아니라 선세 죄업을 소멸할 절호의 기회로 알고 정진해야 함을 나타낸 것입니다. 중하근기의 사람들은 금강경 16분 내용을 참고하여, 간화선 수행을 하더라도 금강경 공부를 반드시 병행하는 것이 매우 필요하다고 생각합니다.

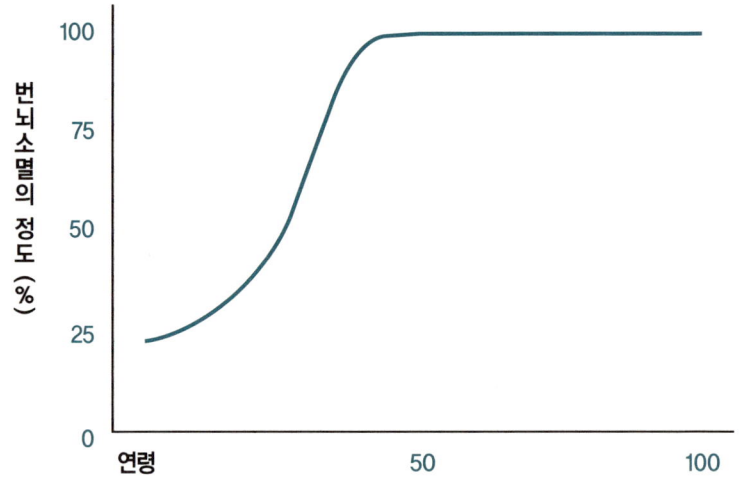

〈그림 4〉 돈오돈수형, 최상근기 수도자의 성취도

번뇌소멸의 정도 100 부처님 경지, 75 깨친이(도인), 50 성공한 인생, 25 평범한 인생

〈그림 4〉 돈오돈수형은 육조 혜능대사와 같이 준비가 많이 된 최상근기 수도자의 성취도입니다. 혜능대사는 전생에 이미 도인이셨고, 태어날 때부터 다 아셨습니다生而知之. 비록 배우지 못한 나무꾼이지만 세상을 훤히 다 아셨다고 합니다. 돈오돈수형은 소년등과형처럼 초년부터 승승장구한다는 점에서 동일하지만, 이만

하면 되었다는 치심을 내지 않으므로 내리막길이 없이 영원히 행복하게 삽니다. 40세경에 이미 부처님 경지에 오르고 모든 탐진치가 다 끊어졌기에 세속적 연령을 표시하는 것은 의미가 없습니다.

이상의 네 그림은 어떻게 하면 수행에 퇴타심을 내지 않아 악도에 떨어지지 않고 밝아지는 길을 갈 것인가를 이해하는 데 매우 도움이 되는 수행의 로드맵이라고 할 수 있습니다.

고난이 곧 축복, 번뇌가 곧 보리

부처님께서 금강경에서 말씀하신 네 가지 진리를 다시 살펴보겠습니다. 모든 현상이 다 우리 마음이 빚어낸 결과라는 일체유심조, 우리 마음이 실은 착각이요 본래 없는 것이라는 공空, 마음을 닦으면 너와 나의 장벽이 사라짐과 동시에 번뇌가 곧 보리요 부처님과 내가 둘이 아님을 알게 된다는 불이不二, 부처님과 내가 둘이 아니니 따라서 나는 부처님처럼 모든 것을 다 구족했다는 구족具足입니다. 금강경 중 특히 16분에서 불이不二의 진리를 모르는 어리석은 중생들을 위하여 다음과 같이 말씀하셨습니다.

"중생들이여! 금강경 16분을 수지독송하라! 그러면 그대들이 받는 경천의 고통은 고통이 아니고 죄업의 소멸이요, 축복의 근원이라는 진리를 깨닫게 된다. 이것은 번뇌가 곧 보리요 생사가 곧 열반이라는 불이의 진리를 깨닫는 것으로, 그대는 모든 고통에서 벗어나 생사를 자재[6]하는 삶을 살 수 있게 된다."

그러면 구체적으로 16분 중 어떤 구절이 사람들에게 번뇌가 곧 보리[7]며 생사가 곧 열반이라는 불이의 진리를 일깨워 주는 것일까요?

수지독송차경 약위인경천
受持讀誦此經 若爲人輕賤
시인 선세죄업 응타악도
是人 先世罪業 應墮惡道
이금세인 경천고
以今世人 輕賤故
선세죄업 즉위소멸
先世罪業 則爲消滅
당득 아누다라삼막삼보리
當得 阿耨多羅三藐三菩提

위 글을 쉽게 풀어 다음과 같이 의역할 수 있습니다.

6　자재自在: 속박이나 역경 없이 마음대로임
7　보리菩提(Bodhi): 불교 최고의 이상인 불타 정각正覺의 지혜. 최고의 깨달음

"중생들이여! 금강경을 수지독송하여도 고난이 되풀이된다면 이 사람은 전생에 지은 죄업이 지중하여 당연히 사람 몸을 못 받고 악도에 떨어져야 한다. 그러나 언제인가 지은 선근으로 용케 사람의 몸을 받기는 하였는데, 전생에 지은 죄업이 워낙 무거워 각종 고난이 생기는 것이다. 이 재앙은 금생(현생)에 죄지은 결과로 생기는 고난과는 다르다. 보통 사람의 지혜로는 고난의 원인을 알 수 없는데, 이는 그 원인이 금생에 있지 않으며 전생에 지은 죗값이기 때문이다. 다행히 이 사람이 금생에 금강경을 만나 수지독송할 수 있다면, 전생에 지은 죄로 인한 각종 재앙에서 벗어나 행복해질 뿐 아니라 마침내 밝아진다."

불이의 진리를 깨닫고자 하는 사람들을 위하여 다음과 같이 구체적으로 알기 쉽게 풀어서 말씀드립니다.

"삶이 힘들고 고통스러운 그대여! 만약 그대가 힘들고 고통스러운 일에 맞닥뜨렸다 하여도, 내게 너무나 힘든 일이며 극복할 수 없는 것이라 이름 지으며 절망하거나 흔들리지 말라! 정성껏 부지런히 부처님께 바치다 보면 이 생각들이 점차 엷어지며, 고통스럽고 힘든 일이라는 생각에서 벗어나는 자신을 발견할 것이다. 계속 바치다 보면 이 생각이 착각임을 알게 되고 마음이 안정된다. 그러면 그대 바로 앞에 행복과 축복을 발견할 것이다."

말하자면 금강경을 독송하는 사람에게는 고난이 곧 축복과 다르지 아니하며 번뇌가 곧 보리와 다르지 않습니다.

어떤 사람에게 고난이 정말 재앙이 되고, 어떤 사람에게는 고난이 변하여 축복이 되는가?

고난이 있을 때 낙심하는 사람은 불행해지고, 모든 것을 잃는 재앙이 닥칩니다. 그러나 고난이 있어도 마음이 여여부동[8]하며 황당한 마음을 부처님께 바치는 사람은 고난을 축복으로 변화시켜 행복해지고 구족해진다고 할 수 있습니다.

---

8 여여부동如如不動: 마음이 흔들리지 않는다

8장

금강경의 현실 적용(1)
- 빈곤에서 풍요로 -

지금까지 내용을 정리하면 다음과 같습니다.

금강경 가르침의 핵심은 일체유심조, 공空, 불이不二, 구족具足의 진리이며 이 내용이 3분, 4분, 5분에 요약되어 있습니다. 또 금강경 속에는 부처님의 법식, 도인의 법식에 대한 설명도 있습니다.

금강경은 잘 닦은 사람만 공부할 수 있는 경이 아니라, 죄 많은 사람을 비롯한 그 누구도 이 경을 공부함으로써 밝아질 희망이 있다는 말씀도 드렸습니다.

이제부터는 이런 금강경 속의 부처님 말씀을 실생활에 적용하여 빈곤한 삶이 풍요의 삶으로, 불행한 삶이 행복한 삶으로, 무지의 삶이 지혜의 삶으로 바뀌고, 고달프고 어려운 이 세상이 즐겁고 희망에 찬 극락세계로 되는 것을 말씀드리고자 합니다.

부처님과의 만남으로
가난한 사람도 부자가 될 수 있다

　부처님 말씀을 어떻게 생활에 접목하여야 불행한 삶을 행복한 삶으로 만들 수 있을까요?
　빈곤, 실패, 질병, 외로움의 삶을 풍요, 성공, 건강, 즐거움으로 넘치게 할 수 있을까요?
　일반 불자들에게 이 문제는 큰 깨달음을 얻고 생사 해탈을 하는 것보다 더 매력적이고 더 친근한 관심사일 것입니다. 결론적으로 말씀드린다면 누구나 부처님의 가르침을 제대로 공부하면 빈곤, 실패, 질병, 외로움에서 벗어나 즐겁고 건강하며 풍족하고 성공하는 삶을 살 수 있습니다.
　부처님 가르침으로 빈곤에서 풍요의 삶으로, 불행에서 행복한 삶으로 바꾸려면, 우선 자신이 빈곤하고 불행한 존재임을 인식하고, 다음에는 그 근본 원인을 알아야 합니다. 빈곤과 불행의 근본이 무엇인지를 알고 그 요인을 제거할 수 있다면, 누구나 틀림없이 풍족하고 행복하게 살 수 있습니다.

상당수의 사람은 자신의 인생이 빈곤하고 불행하다고 생각하며 여기서 벗어나려 애씁니다. 물론 소수의 사람은 인생이 넉넉하고 행복하다고 생각하기도 할 것입니다. 그러나 이들 모두 한결같이 빈곤과 불행은 자신의 마음 씀씀이와는 무관하다 생각하기에 마음 씀씀이를 바꾸어서 자신의 인생을 바꾸려는 생각도 노력도 하지 않습니다.

부처님께서는 인생을 어떻게 보셨을까요?

어떤 방법으로 이 고난에서 벗어날 수 있다고 말씀하셨나요?

마음을 어떻게 쓸 때 고난의 삶을 행복한 삶으로 바꿀 수 있다고 하셨나요?

부처님께서는 법화경에서 인생을 다음과 같이 말씀하셨습니다.

> 삼계무안 유여화택 三界無安 猶如火宅
> 중고충만 심가포외 衆苦充滿 甚可怖畏
> 온 우주는 그 어느 한 곳도 편안함이 없이
> 마치 불타는 집과 같으며,
> 많은 괴로움이 가득 차서 가히 겁나고 두려운 곳이니라.
> …
> 상유생노 병사우환 常有生老 病死憂患
> 여시등화 치연불식 如是等火 熾然不息

항상 나고 늙으며 죽는 것과 같은 근심 걱정으로 차 있으며,
이러한 불길이 맹렬하게 타올라 쉬지를 아니하느니라.

여래이리 삼계화택 如來已離 三界火宅
적연한거 안처림야 寂然閑居 安處林野
부처님은 이미 불타는 집을 떠나서
고요하고 한가롭게 살며 편안하게 숲이나 들판에 살고 있다.

금차삼계 개시아유 今此三界 皆是我有
기중중생 실시오자 其中衆生 悉是吾子
지금 이 우주란 모두 바로 나의 것이며
그 가운데 중생은 모두 나의 아들이거늘,
…
유아일인 능위구호 唯我一人 能爲救護
오직 나 하나만이 능히 구원하고 보호할 수 있느니라.

부처님께서는 인생이란 생로병사의 우환이 그칠 새 없기에 결코 행복하지 않다고 하십니다. 그리고 중생을, 다가오는 불행은 생각하지도 못하고 불타는 집에서 눈앞의 일시적 즐거움에 탐착하여 놀고 있는 한심한 어린아이에 비유하십니다. 부처님께서는 이를 딱하게 여기시어 아이들이 좋아하는 장난감으로 유도하여 불타는 집에서 빠져나오도록 하십니다.

아마도 부처님께서는 인생의 실상을 다음과 같이 말씀하실 것입니다.

"중생들이여! 그대는 인생이 무엇인 줄 모르고 종종 '행복하다. 평화롭다.'고 생각한다. 그러나 인생은 그대가 생각하는 것처럼 행복한 것도 평화로운 것도 아니다. 그대는 불똥이 수시로 튀는 불타는 집에서 언제 죽을지 모르는 한시적 삶을 사는 가련한 존재이다. 그 불타는 집 속에 행복이 있다고 한들 얼마나 있겠는가?

중생들이여! 그대는 이것을 깨닫고 속히 그곳을 떠나야 한다. 그리고 부처님 세계에 들어와 영원히 행복하고 길이 평화로운 삶을 살아라."

선지식께서는 좀 더 구체적으로 중생들이 불타는 집에 머물게 된 원인을 다음과 같이 말씀하십니다.

"모든 중생이 불행하게 된 근본 원인은 부처님과 멀어진 때문이다. 모든 죄악의 뿌리인 탐욕, 성냄, 어리석음이 모두 사라진 지공무사至公無私하신 부처님과 멀어지고 탐욕이 발동하자 빈곤이 생기게 되었고, 성냄이 발동하자 실패가 생기게 되었으며, 치심이 동하자 각종 무지가 생기게 된 것이다.

사람들은 돈이 없어 가난하다 생각하며, 돈이 있어야 부자가 된다고 생각하지만, 사실은 돈이 없어 가난한 것이 아니라 탐욕으로 인한 빈궁한 마음 때문에 가난하게 된 것이고, 돈이 있어 부자가 되는 것이 아니라 탐욕과 빈궁한 마음을 해탈하여 부자가 되는 것이다. 마음 씀씀이가 모든 행복과 불행을 만들고 고난을 만들며 운명을 만들고, 나아가서는 그대들이 체험하는 각종 세계를 만드는 것이다."

 부처님의 광명은 늘 중생을 밝게 비추어 부처님 세계로 인도하지만, 중생의 빈궁한 마음, 탐욕의 마음이 밝은 광명을 차단하여 스스로 빈궁을 불러들입니다.
 이렇게 빈곤의 원인을 깨닫게 되면, 우리는 탐욕심을 닦아 부처님의 광명을 받아들이고, 빈곤의 삶에서 벗어나 항상 풍요롭고 행복하게 살게 될 것입니다.

어떻게 가난의 굴레에서
벗어날 수 있을까

세상은 편리하고 풍족해졌지만, 사람들의 사고방식이 물질 만능, 과학 만능으로 바뀌면서 점점 부처님과 멀어지고 지혜로운 사고방식에서도 멀어지게 되었습니다.

지혜로운 사고방식이란 과연 무엇이며, 지혜롭지 못한 사람들의 공통적 특징은 무엇일까요?

모든 문제의 원인과 결과를 지식, 정보, 사람들의 경험 등 마음 밖에서 찾는 것이 지혜롭지 못한 사람들의 특징입니다. 즉, 각종 자료를 수집하여 원인을 유추하고 결과를 판단하는 것입니다. 예를 들면 넉넉한 집에 태어나지 못한 것, 운이 나쁜 것, 게으른 것 등 마음 밖의 문제들이 빈곤의 요인이라 생각하며, 부자가 되는 길이란 돈을 많이 벌 마음을 가질 것, 돈 많이 번 사람들의 이야기를 경청하여 돈을 잘 버는 방법을 연구할 것, 가능하면 돈 많이 번 사람들로부터 지도를 받을 것, 근검절약하며 부지런히 노력

할 것 등등, 마음 밖의 그 무엇에서 부자가 될 요인을 찾습니다.

지혜로운 이의 말씀에 따르면, 돈 버는 방법을 연구하고 노력하며 근검절약하는 것 등 마음 밖의 각종 정보는 부자가 되는 근본적 해결 방법이 아니요, 보조적 방법입니다.

부자가 되는 길은 자신 속에 있으니 자신 속에서 부자가 되는 모든 것을 찾으라는 것입니다. 왜냐하면 가난의 원인을 만든 것도 자신이요, 부자를 만드는 것도 실은 자신이기 때문입니다. 따라서 자기 마음속의 빈궁한 마음, 인색한 마음을 제거해서 부자 마음, 넉넉한 마음으로 바꾸는 것이야말로 부자가 되는 근본적 방법입니다.

더욱 구체적으로는 빈궁한 마음, 인색한 마음이 착각이요 본래 없음을 깨달아 부처님 마음과 같은 무한한 부자 마음이 드러나게 하면 즉시 부자로 발복[1]하게 된다고 말씀하십니다. 사람들의 빈궁한 마음, 인색한 마음, 즉 탐욕심을 제거하고 자신이 큰 부자임을 자각하게 하기 위하여 부처님께서 보시바라밀을 설하셨습니다.

수도인에게 보시바라밀이란 과연 무엇일까요?

보시바라밀이란 마음속에서 올라오는 갖가지 탐욕심을 부처님께 바쳐 해탈하여 부처님을 기쁘게 해드리는 것입니다.

---

1 발복發福: 운運이 틔어 복이 닥침

마음속에 일어난 빈궁한 마음, 인색한 마음을 부처님께 바치는 참뜻은 무엇일까요?

이런 마음을 부처님께 드려 '부처님과의 만남'을 실현하는 데 가르침의 핵심이 있습니다. 부처님과의 만남을 통하여 환희심이 생기고, 환희심은 반드시 큰 깨달음을 동반합니다. 이러한 해석은 출가자를 위한 것입니다.

돈 벌어 부자가 되어 잘살고, 또 사람들에게 베풀고 싶어 하는 재가자를 위한 보시바라밀은 무엇일까요?

선지식께서는 재가자에게 보시바라밀에 대해 다음과 같이 말씀하셨습니다.

"바라는 마음을 힘써 닦고 늘 주는 마음으로 사람을 대하며 보수 없는 일을 연습하여라. 주는 마음을 연습하는 과정에서 베풀기 싫은 마음, 인색한 마음이 나타날 것이다. 주기 싫은 생각, 인색한 마음이 떠오르면 그 생각을 부지런히 부처님께 바쳐라.

직장을 다니는 사람은 봉급 타는 재미로 직장에 다니지 말라. 직장은 돈을 버는 장소가 아니요, 부처님 전에 복을 지을 장소로 생각하라. 잘살기 위해서 직장에 나간다고 하지 말고 부처님 뜻을 받들기 위하여 직장에 나간다고 생각하라.

이러한 마음을 가지게 되면, 덕 있는 사람이 되고 지혜로운 사람이 되며 드디어는 '부처님과의 만남'을 실현하여 새로운 불자로 태어난다. 이렇게 하여 능히 빈궁한 마음, 인색한 마음을 완전히 사라지게 하는 것이다.

　이 부처님 마음은 자신에게 돈을 끌어들이고, 성공을 끌어들이며, 사람들로부터 존경과 사랑의 마음을 이끌어 낸다. 그리고 어느덧 자신의 주위에서 빈한貧寒한 것, 척박한 것은 사라지게 되고 대신 풍요로운 것, 잘 되어지는 것들로 주변이 가득 차 보이게 변화한다."

올바른 수도는
먹고사는 일을 해결한다

　내가 기를 쓰고 명문대학을 지원하게 된 동기는, 그에 걸맞은 어떤 고상한 철학이 있어서가 아니었습니다. 수많은 대학 졸업생이 취직을 못해 방황하던 1960년대 초, 명문대 입학은 먹고살기에 가장 좋은 해결책이라 생각하였기 때문입니다.

　나는 이처럼 대학을 취직의 도구로만 여기고 먹고사는 것만을 최고의 가치로 아는, 긍지도 없고 철학도 부재한 가련한 사람이었습니다. 달리 표현한다면 나는 금강경 공부가 매우 필요한 사람이었고, 복을 지을 필요가 많은 사람이었다 할 수도 있습니다.

　출가하고 처음에는 모든 근심 걱정을 다 부처님께 바치라는 말씀대로 장래 걱정이나 먹고사는 문제가 떠오를 때마다 부지런히 바쳤습니다. 그런데 수도장에서 오래 머물며 사회 진출이 늦어지게 되자, '먹고사는 문제가 과연 해결될 수 있을까? 애써 얻은 명문대학 출신의 이점이 사라지지 않을까?' 하는 불안한 마음을 금할 수 없었습니다. 선지식께서 이런 내 마음을 아시고 다음과 같이 말씀하셨습니다.

"금강경 공부는 마음을 밝게 하고 동시에 의식주 문제도 해결할 수 있는 공부다. 의식주를 스스로 해결하지 못하고 남의 신세를 지며 사는 사람을 어찌 지혜로운 이라 할 수 있으며, 궁窮한 마음을 가지고 어찌 밝아졌다 할 수 있겠는가?

  금강경 공부는 세상에 뒤떨어지는 공부가 아니다. 오히려 세상을 더욱더 잘살 수 있게, 능력을 키우는 적극적인 공부다. 먹고사는 문제, 취직 문제를 걱정하지 말고 그 걱정을 부처님께 바쳐라. 무직이라는 생각, 빈곤하다는 생각도 모두 부처님께 바쳐라. 자신이 빈곤하다는 생각, 장래 어떻게 사나 하는 생각을 부처님께 계속 바치다 보면, 궁한 마음이 이유 없이 사라지고 자신도 모르는 사이에 든든한 마음이 한구석에 자리잡는다.

  이때 나타나는 든든한 마음은 무엇인가?

  걱정 근심을 부처님께 바쳐 나타난 부처님 광명이다. 이 부처님 광명은 그대들에게 먹을 것, 입을 것을 다 제공할 것이다. 그러니 아무 염려 말고 금강경 공부에 전념하라."

이런 선지식의 말씀을 굳게 믿고 장래 걱정, 먹고사는 문제에 대한 걱정이 떠오를 때마다 끊임없이 부처님께 바치니 마음은 서서히 편안해졌습니다. 목장일이 몹시 싫고 위험하다는 생각이 착각인 줄 알고 부처님께 바치는 과정에서 싫지 않게 되었고, 어렵게 느껴졌던 일들도 차츰 어렵지 않게 변하였습니다.

모든 문제를 부처님께 바치면 다 해결될 것 같았던 어느 날, 바쳐도 해결되지 않는 문제가 발생하였습니다. 소 사료 창고에 수많은 쥐가 모여들었습니다. 소가 좋아하는 밀기울이라는 사료를 쥐도 매우 좋아한 것입니다.

한두 마리가 아닌 수십 마리 쥐가 겁도 없이 몰려오는데, 쥐약이라도 놓아 퇴치하고 싶은 유혹이 몇 번이나 들었습니다만, 불살생不殺生의 계를 지켜야 하는 수도장에서 쥐약을 놓는 일을 차마 할 수 없었습니다. 쥐약을 놓지 않고 쥐를 몰아내는 방법, 쥐를 소탕하는 방법이 과연 무엇일까? 이것은 마치 어묵동정語默動靜[2]을 떠나 말하라는 참선의 화두와도 같이, 해결하기 어려운 난제였습니다.

쥐약을 놓지 않고 쥐덫을 쓰지 않고 어떻게 쥐를 이 도량에서 몰아내나? 별 묘안이 없었습니다. 결국 해결하지 못하고 선지식께 쥐 퇴치 방법을 여쭈었습니다.

"쥐약을 놓지 않고 어떻게 하면 저 많은 쥐를 이 목장에서 몰아 낼 수 있습니까?"

"쥐가 싫다, 쥐가 많다는 생각을 부처님께 바쳐라."

---

2   어묵동정語默動靜: 말과 침묵과 움직임과 고요함

"그렇게 바치면 쥐가 사라집니까?"

"어째서 쥐가 그렇게 들끓는지 아느냐? 그것은 너희들의 마음속에 쥐의 마음, 즉 빈궁한 마음이 있기 때문이니라. 쥐가 싫다는 마음을 자꾸 부처님께 바치면 너희들 마음속에 쥐의 마음인 거지 마음, 거저먹으려는 마음이 사라지게 될 것이다. 너희들 마음에 거지 마음이 사라지지 않으면, 쥐가 좋아하는 사료가 있는 한, 아무리 쥐를 내쫓으려 하여도 목장에서 쥐가 사라지지 않을 것이다."

선지식의 말씀을 듣고 보니 과연 우리 마음은 거지 마음, 궁한 마음으로 꽉 차 있는 것을 알게 되었습니다.

어렸을 때는 부모님께 바랐고, 자라면서는 학교 선생님이나 선배들에게 바랐던 그 마음이 도량에 와서도 또 선지식에게 계속 바라고 있었던 것입니다.

세상에서 부자가 되는 길은 무엇인가?

바라는 마음이나 궁窮한 마음을 부처님께 바쳐 해탈하는 길이 선지식께서 말씀하는 부자가 되는 지름길입니다. 마음속에 궁한 마음을 그대로 둔 채 제 마음 밖에서 찾아 해결하려는 마음이 쥐가 들끓게 하는 원인이었음을 알게 되었습니다.

마침 어떤 도반이 자기 집에서 잘 키우던 고양이를 법당에 선물하였습니다. 고양이를 보는 순간, 반가운 마음이 들며 이제부터는 이 고양이가 목장의 모든 쥐를 다 소탕하리라고 생각하였습니다. 그러나 그런 반가운 마음도 잠시, 고양이는 수많은 쥐에 겁을 먹고 쏜살같이 도망가는 것이었습니다. 산속으로 도망간 고양이는 집에 돌아오지 않고 야생 고양이가 되고 말았습니다.

그 후 쥐 떼가 소의 사료를 겁 없이 먹어 치우는 것을 뻔히 보면서도, 안타까운 그 마음을 부처님께 바치기만 할 뿐, 할 수 있는 일이란 아무것도 없었습니다. 역시 도인의 말씀처럼 우리 마음 속에 쥐의 마음이 사라지지 않는 한, 쥐 떼를 몰아낼 수 없나 봅니다.

당시 수도장에는 또 한 가지 문제가 있었습니다. 젖소의 우유 생산량이 두당 평균 10kg 정도밖에 되지 않았는데, 이 정도 생산량은 도반들이 도량에서 자급자족하기에 턱없이 부족하였습니다. 우리 마음에 거지 마음이 있기에 쥐가 들끓는다는 말씀을 들은 후, 빈궁한 마음이 생산량이 적은 것과도 관련 있음을 알게 되었습니다. 내 속의 거지 마음이, 생산량이 적어도 이에 만족하며 더 이상의 노력을 하지 않게 함을 알아차린 것입니다.

어떻게 해야 금강경 공부도 잘하며 생산량도 증가시키나? 탐심을 비우는 공부도 하면서, 동시에 탐심을 키우는 것 같은 증산增産을 생각하나?

이것은 또 하나의 화두였습니다.

참선 공부를 하는 불자들 대부분은 각종 책을 보며 연구에 몰두하는 것은 알음알이를 연습하는 일이 되어 밝아지는 길을 역행한다고 생각합니다. 그래서 선방에서 참선을 하시는 스님들은 책을 보지 않습니다.

>불립문자 교외별전
>不立文字 敎外別傳
>직지인심 견성성불
>直指人心 見性成佛
>
>문자를 따르지 말라.
>부처님의 말씀은 문자에 있지 아니하기 때문이다.
>바로 참 마음자리를 향해 정진하는 길이
>바로 깨치는 길이니라.

이 말씀처럼 글자를 보고 책 보는 것을 삼가는 것이 참선 수행의 근본이듯, 선지식께서는 우리 수행자들도 수도장에서 책을 못 보게 하셨고, 라디오 방송도 듣지 말라고 하셨습니다. 돈을 벌려는 생각은 탐욕심의 연습이요, 신문 방송을 본다는 것은 분별을 일으키는 연습이 되어 밝아지는 데 역행하는 것이라고 생각하였습니다.

그러나 '우유 생산량 증가를 위해서는 생산량이 적어서 문제라는 마음을 부처님께 바치는 것만이 근본적 해결책이 아닐 것이다. 걱정을 부처님께 바치면서 한편으로는 책이나 각종 최신 정보를 통하여 생산량 증가 방안을 연구해야 할 것이다.' 하고 생각하였습니다. 참선방에서 불립문자 수행을 하는 수도자처럼, 구전이나 직관에만 의존하여 생산량을 증가시키려 한다면 이는 분명 어리석은 일일 것입니다.

"불립문자란 글을 대할 때 궁리(알음알이)하지 말라는 뜻이지, 글의 참뜻을 알려는 노력, 즉 연구까지 하지 말라는 뜻은 아니다. '연구'는 사람을 지혜에 이르게 하지만, '궁리'는 사람을 어둠에 이르게 한다. 특히 부처님 시봉을 위해 생산량 증가 방법을 연구하여 찾아내는 것은 수행에 도움이 될 수 있다."

선지식의 말씀을 듣고 적극적으로 책도 보고 목장 신문도 보면서, 우유 생산량(산유량) 증가에 관한 각종 연구를 하게 되었습니다. 목장의 성공 사례를 찾게 되었고 소를 어떻게 키워야 우유 생산량이 늘어날 수 있을까를 과학적으로 연구하였습니다.

수백 년 전 백장스님께서도 일일부작一日不作 일일불식一日不食이라고 말씀하시지 않았습니까? 금강경을 실천하여 밝아진다는 것은, 다른 무엇을 하기에 앞서 먹고사는 문제를 남에게 의탁하지 않고 스스로 해결하여야 한다는 의미입니다.

먹고사는 문제를 해결하기 위해서는 마음속에 궁한 마음을 부처님께 바쳐 해탈함과 동시에 궁한 현실을 극복하는 방법을 구체적으로 연구하여야 합니다. 이에 우리는 "거지 마음, 궁한 마음을 부처님께 바쳐 시봉 잘하기를 발원." 하였고 또 한편 "생산량을 증산하여 돈을 벌어서, 스승님과 도반이 먹고사는 문제를 걱정하지 않고 오로지 공부에만 전념하게 하여 부처님 시봉 잘하기를 발원." 하였습니다.

마음으로는 빈궁貧窮을 부처님께 바치고, 마음 밖에서는 자료를 찾으며 연구도 병행하는 과정에서, 느닷없이 산유량 증산에 대한 해결 방법을 발견하여 하나하나 실행하였습니다. 이렇게 하여 마음속에 빈궁함이 사라지게 되자 이상한 현상이 나타났습니다.

야생으로 돌아간 고양이가 돌아왔습니다. 야생화된 고양이는 과거 쥐를 보면 달아나던 때와는 달리, 슬슬 쥐를 잡기 시작하였습니다. 수십 마리의 쥐들이 야생 고양이 한 마리의 기운에 점차 압도당하면서 하나둘 사라지고, 결국에는 하나도 남김없이 사라졌습니다. 잡을 쥐가 없어지자 고양이도 사라졌습니다. 고양이가 사라지면 당연히 쥐가 다시 와야 하는데 그 후 수년이 지나도 오지 않았습니다.

우리 마음에 쥐의 궁한 마음, 갉아먹는 마음이 사라지니까 쥐가 없어지게 되었다는 것이 선지식의 해석입니다.

이렇게 쥐가 사라짐과 동시에 산유량 증가에 관한 연구의 성과도 현실에 나타나며 산유량에도 뚜렷한 변화의 조짐이 생겼습니다.

산유량이 두당 일일 10kg에서 20kg으로 증가하더니 20kg에서 급속하게 증가하여, 목표로 하는 일일 30kg에 도달하였습니다.

이제는 자급자족이 가능하다는 생각이 들며, 장래 먹고사는 걱정이 사라졌습니다.

  가난을 몰아내고 먹고사는 문제를 해결하려는 것은 아무리 좋은 스펙을 가진 사람에게도 쉬운 일이 아닙니다. 그런데 우리는 빈궁한 마음을 일부나마 부처님께 바쳐 해탈하고 먹고사는 방법을 연구함으로써 마음속의 가난과 장래 걱정을 사라지게 한 것입니다.

보시바라밀의 참뜻

　수도장을 떠나 사회생활 하기를 십수 년, 안정된 직업으로 먹고사는 문제가 해결되었다고는 하지만 여전히 봉급날이 되면 반갑고 기쁜 마음을 금할 수 없었습니다. 말하자면 깊은 속마음에까지 먹고사는 문제가 완전히 사라진 것은 아니었던 모양입니다. 궁한 마음이 여전하고 거지 마음도 완전히 사라지지 않은 것입니다.
　이처럼 '먹고사는 문제'를 완전히 해결하지 못했다는 생각이 들 때마다, 언제나 먹고사는 문제를 해결하여 더 이상 봉급날을 기다리지 않는 삶을 살게 될까 생각하였습니다. 그리고 "보시바라밀을 잘 실천하여 의식주 문제를 모두 해결하고 신심발심하게 되어 부처님 시봉 잘하기를 발원." 하며 정성껏 원을 세우기도 하였습니다.
　사회생활 근 30년이 되던 어느 날, 이제는 선지식이 시키시는 보시바라밀을 실천할 때가 된 것을 알게 되었습니다. 이제 실천하지 않으면 다시는 없을 것 같은 그런 기회가 온 것입니다. 당시 구청에서 대문과 담을 헐고 마당도 포장해 주며 주차장으로 쓸 수 있게 지원하는 사업이 있었습니다. 나는 구청에 요청하여 우리 집의 담과 대문을 헐고 손바닥만 한 마당에 대나무로 엮은 비닐하우스를 만들어 무료 급식소를 차렸습니다. '배고픈 사람은 모두 오십시오.' 하면서 전단지를 만들어 돌리기도 하였습니다.

누구의 권유나 도움을 받고 시작한 것이 아니었으며, 시나 구청의 도움이 있었던 것도 아니었습니다. 남을 먹이는 연습을 3년간 하라는 선지식의 가르침을 따르려고 하였습니다. 또한 보시바라밀을 실천하여 빈궁한 마음을 해탈하고, 받는 기쁨보다 주는 기쁨이 더욱 큰 것을 느끼고 싶었고 참 부자가 되고 싶었습니다. 뜻이 있는 곳에 길이 있다는 말을 실감한 것은 이때가 처음이었습니다.

무료 급식의 뜻을 세우자마자 여기저기서 돕는 사람들이 나타났습니다. 지인들의 성금이 답지하였을 뿐 아니라, 잘 모르던 사람들도 자기가 쓰던 각종 물건을 보시하려고 하였습니다. 자원봉사를 자청하는 사람들도 예상보다 상당히 많았습니다.

대학교수가 자신의 집을 개방하여 무료 급식소를 만든다는 내용이 주간지를 통해 세상에 알려지자, 여기저기서 성금까지 답지하였습니다. 지금도 몹시 고맙게 생각하는 것은 조계사에서 무료 급식하기에 충분한 양의 국수를 근 10년간 꾸준히 공급해 주셨다는 것입니다.

무료 급식소 근처의 시장 상인들이 아무도 모르게 채소류를 가져다 놓는다거나, 좋은 일 하신다고 고맙다며 매주 한 번씩 과일이나 떡을 주셨습니다. 어느 때는 식사하시는 노인들께서 꼬깃꼬깃 모은 돈을 성금으로 내기도 하였습니다.

"내가 가진 돈이 이것밖에는 없으니 좋은 일에 보태 쓰시오."

소소하게 고마운 분이 너무나도 많았는데, 그중 가장 인상에 깊이 남는 일, 눈물겨운 일이 있습니다.

무료 급식 8년 차쯤 되었을 때 마당에 지어놓은 무료 급식소 건물이 무허가라며 누군가가 구청에 신고하였고, 구청 직원들은 무료 급식소 건물을 폐쇄하라고 독촉하였습니다. 무료 급식소에서 식사하시는 노인들이 이 소식을 듣고 벌 떼처럼 들고 일어났습니다.

"아니 이럴 수가 있나, 무료 급식하며 좋은 일하는 장소를 어찌 무허가라 헐라고 하는가?"

수백 명의 노인들은 연대 서명하며 구청에 진정서를 넣었습니다. 어떤 노인은 만약 구청에서 이 진정서를 받고도 건물을 철거하라 한다면, 나는 구청 마당에 드러누워 단식하며 무료 급식소 폐쇄를 온몸으로 막겠다고 다짐하기도 하였습니다.

○○ 지구당 사람들은 책임지고 구청의 일을 해결하겠다고 나섰습니다. 여기저기서 무료 급식을 지속할 수 있도록 도와주려고 하는 모습에서 수백 년 전 이야기가 생각났습니다. 12대 300여 년을 계속 부자로 이어온 경주 최 부잣집 이야기입니다.

'만 석 이상의 재산은 사회에 환원하라', '흉년기에는 땅을 늘리지 마라', '과객을 후하게 대접하라.' 이런 철학을 가진 최 부자는 흉년이 들면 빌려 간 쌀을 못 갚는 농민들의 담보 문서를 모두 없애고, 죽을 쑤어 농민들과 푸짐하게 나누는 아름다운 선행을 이어갔다. 어느 때 최 씨 집의 비리를 관청에서 발견하여 탄압하려 하자, 최 씨 집에서 은혜를 입은 동네 사람들이 벌 떼처럼 들고 일어나 관청의 탄압을 막았다.

마치 경주 최 부자의 미담과도 같은 일을 실제 체험하며, 무료 급식의 보람을 느끼고 세상의 인정은 결코 메마르지 않음을 실감하였습니다. 그리고 주는 것이 곧 도로 받는 것이라는 불이不二의 진리를 점차 실감하게 되었습니다.

우리 무료 급식소가 세상에 널리 알려지자 종종 잡지사나 방송사 등에서 취재하였습니다.

"하루에 급식 인원이 얼마나 됩니까?"

"일주일에 두 번 무료 급식하는데 한 번에 약 300명 정도 손님이 오십니다. 그렇게 한 달이면 4주, 한 달에 약 2,500명 정도 손님을 치르는 셈이군요."

"무료 급식 시작한 지 상당히 오래된 것 같습니다만 운영 경비도 적지 않게 들 것 같습니다. 혹시 구청이나 기타 자선사업 단체로부터 지원을 받으십니까?"

"일체 지원받지 아니합니다. 모두 우리 주머니를 털어서 봉사하고 있습니다."

"요사이 정부와 사회복지 단체에서 각종 지원을 많이 하고 있는데, 얼마든지 혜택을 받을 수 있으실 텐데요?"

당시 우리는 사회복지법인을 만들었기 때문에, 기자들은 우리 복지법인도 정부로부터 각종 혜택을 받는 줄 알고 이렇게 질문하였습니다.

"우리를 가르쳐 주신 선생님의 뜻을 받들어 '마음 닦는 무료 급식'을 하는 것이지, 봉사단체로서 무료 급식을 하는 것이 아니기 때문입니다."

"단체로서 외부 지원을 받아 자선사업 하는 것이 어째서 나쁘다는 말입니까?"

"단체로서 외부 지원을 받아 자선사업을 하는 것이 나쁜 것은 아닙니다. 다만 우리에게 금강경을 가르쳐 주신 선생님께서는, 단체를 운영하려면 회비가 있어야 하고 회칙이 있어야 하는데, 회비를 내라 하고 회칙을 지키라 하는 단체의 정신은 '마음 닦는 정신'을 잃어버리기 쉽다 하셨습니다. 우리는 마음 닦는 무료 급식이기에 다른 자선사업 단체에서 행하는 자선 급식과는 다릅니다."

누구의 도움은 물론 정부의 보조도 받지 않았습니다. 오직 닦으려는 마음으로 스스로 돈을 내어, 주는 연습, 무보수한 연습을 하였습니다. 그렇기에 항상 자금이 부족하였습니다. 그때마다 "무료 급식 잘해서 부처님 기쁘게 해드리기를 발원[3]." 하고 원願을 세웠는데, 그것이 통하였는지 여기저기서 물질적 후원자가 나타났습니다.

봉사원이 부족할 때도 봉사원을 구하러 다니기보다는, "많은 봉사원이 즐겁게 이 무료 급식 봉사에 참여하여 부처님 시봉 잘하기를 발원!" 하고 원을 세웠으며, 이렇게 원을 세우면 봉사자들이 꾸준히 보충되었습니다.

봉사원 중에는 불자뿐만 아니라 자발적으로 참여한 천주교 신자, 기독교 신자도 있었습니다. 금강경의 말씀처럼, 금강경 공부하는 사람들에게 천인아수라가 개응공양[4]한다는 말씀이 실감 났습니다.

초창기의 무료 급식은 경제적인 것 외에 다른 어려움도 있었습니다. 손님들이 매우 거칠었습니다. 물론 무료 급식을 고마워하는 손님들이 훨씬 많았으나 거칠고 난폭한 손님도 적지 않았습니다.

급식소가 당연히 정부의 도움을 받는 것으로 생각하여, 자기는 당연히 받아먹을 권리가 있는 듯 행세하였습니다. 심지어는 집까지 국수 배달을 요청하는가 하면 어느 때는 한 자리에서 다섯 그릇을 해치우기도 하였습니다. 먹고 또 먹었습니다.

---

3 발원發願: 원을 세움. 신이나 부처에게 소원을 비는 것. 또는 그 소원
4 천인아수라 개응공양: 일체 세간의 하늘과 사람과 아수라가 다 마땅히 공경함

어떤 이들은 봉사자들의 행동이 조금이라도 거슬리면 소리소리 지르고 난리 치기도 하였습니다. 이런 말썽꾼 손님들을 대하는 일은, 세상 표준으로는 피로하고 지겨운 일입니다. 그러나 마음 닦는 수행자 입장에서 생각한다면 이런 손님은 내 탐심을 닦게 해 주고 내 진심을 닦게 해 주는 고마운 분이 되는 것도 또한 사실입니다.

식사 후 "감사합니다. 복 많이 받으십시오."라고 인사하시는 분에게는 훈훈함을 느끼며 감사드렸습니다. 화내고 괴롭히는 분들을 모두 내 마음속의 탐심, 진심을 닦게 해 주는 부처님처럼 대하였습니다.

이러한 10년 이상의 무료 급식 수행으로, 나는 인색한 마음을 해탈하였고 성 잘 내는 마음도 해탈하게 되었습니다. 가장 큰 소득은 '큰 부자 마음'을 얻었다는 것입니다.

무료 급식 결과 비로소 선물을 받는 기쁨보다 조금이라도 베푸는 기쁨이 더욱 큰 것을 알게 되었으며, 주는 것이 손해요 받는 것이 이익이라는 생각이 큰 잘못임을 알았습니다. 어느덧 내 마음속에서 거지 마음, 궁한 마음이 사라지며 나는 만년 월급쟁이의 가난한 용심用心에서 벗어나 부자의 반열에 오르게 되었습니다.

사람들은 묻습니다.

"당신은 가진 것이 별로 많지 않은 것 같은데 어찌 부자라고 합니까?"

나는 반문합니다.

"당신은 부자의 표준을 돈을 많이 가지고 있는 것으로 봅니까? 나는 돈 많이 가진 사람을 부자라 생각하지 않습니다. 돈을 아무리 많이 가져도 단 한 푼도 베풀지 않는다면, 돈 많이 가진 것만으로 부자라 할 수 없습니다. 내가 가진 물질적 재산은 비록 적지만, 내가 정신적으로 또 물질적으로 베푼 양을 따져 본다면 큰 부자 반열에 올라도 전혀 손색이 없습니다."

나는 선지식의 가르침을 실현하여 먹고사는 문제를 다 해결하였고, 오히려 항상 어떻게 더 줄까를 생각하는 큰 부자가 되었습니다.

9장

금강경의 현실 적용(2)
- 인재 양성 -

금강경 공부로
CEO 교육이 가능하다

　자신의 힘으로 해결할 수 없는 재앙을 면하기 위하여 또는 자신의 노력으로 도달할 수 없는 소원을 이루기 위하여 불자들은 종종 관음보살, 지장보살을 염송[1]하거나 다라니[2]를 지송[3]하며 재앙 소멸과 소원 성취를 기원합니다. 일심으로 염불하여서 위기를 면하거나 바라던 소원이 기적적으로 이루어질 경우, 이는 오로지 불보살[4]의 가피력으로 이루어진 것이라고 말합니다.
　불보살의 가피에 힘입어 각종 재앙을 소멸하고 무슨 소원이든 다 이룰 수 있다고 믿는 불자들도, 관음보살 염송이나 다라니 수

1　염송念誦: 마음으로 부처를 생각하면서 부처의 이름이나 불경의 문구를 읊음
2　다라니陀羅尼: 석가의 가르침의 정요로서, 신비한 힘을 가진 것으로 믿어지는 주문
3　지송持誦: 경전이나 진언眞言을 지니고 독송함
4　불보살佛菩薩: 어려움에 처한 중생을 구하기 위해 여러 모습으로 나타내는 보살. 관자재보살, 대세지보살, 지장보살, 문수보살, 보현보살 등

행으로 무능한 사람이 능력자가 되거나 범부가 성인聖人이 되는 것을 기대하지 않습니다.

왜냐하면 범부가 변하여 성인이 되고 능력자가 되는 것은 탐진치(ego, 아상)를 소멸하여야 가능한데, 탐진치를 소멸하기 위해서는 수행이 필요하며, 마음 닦아 성불하는 문제는 기적적으로 이루어지는 타력 수행보다는 참선 수행과 같은 자력 수행으로 가능하다고 생각하기 때문입니다.

금강경 공부는 핵심 진리인 일체유심조나 공의 진리를 실천하여 마음속의 탐진치가 착각이요, 본래 없음을 깨달아 탐진치를 사라지게 합니다. 이때 부도덕한 사람이 도덕적이 되고 무능력한 사람이 능력자가 되며 무지한 사람이 지혜로운 사람으로 변하고 밝아집니다.

사람 마음속의 번뇌는 크게 셋으로 구분할 수 있습니다. 탐심, 진심, 치심입니다.

탐심은 '어서 하겠다.'고 설치는 마음으로, 가장 원초적 번뇌이며 근본적 욕망입니다. 진심은 '왜, 아니 되나?' 하며 짜증 내는 마음입니다. 가장 고급인 욕망은 '이만하면 되었다.' 하는 마음, 즉 치심이 되겠습니다.

욕망의 크기로 따진다면 탐심의 욕망이 가장 커서 사람의 눈에 잘 띕니다. 탐심의 색깔이 있다면 검은색입니다. 진심의 욕망은 탐심보다 그 크기가 작아 사람들의 눈에 덜 띕니다. 색깔로 표현하면 붉은색이나 누런색입니다. 가장 크기가 작아 사람들의 눈에 잘 띄지 않는 욕망이 있다면 이는 치심입니다. 치심을 색깔로 치면 눈에 잘 띄지 않는 흰색입니다.

수도하는 사람이 자신의 마음속 각종 욕망에서 벗어나고자 할 때 벗어나는 순서가 있습니다. 닦는 사람의 마음에 분별심이 사라지는 순서입니다.

닦는 과정에서 기본 욕망인 탐심이 가장 먼저 소멸되고, 다음 해결 과제는 진심이요, 맨 나중에 미세하여 잘 보이지 않는 욕망, 즉 치심을 해결하려 할 것입니다. 치심은 잘 알기도 어렵고 해결하기도 쉽지 않습니다.

욕망을 해결하는 순서로 세 등급의 사람으로 분류해 봅니다.

가장 낮은 등급은 근본적인 욕망, 즉 탐심을 해결하는 데 급급한 사람입니다. 이 사람은 부처님과는 가장 멀리 떨어져 있는 사람이요, 동물에 가까운 사람이라 하겠습니다. 왜냐하면 부처님 세계에 진입하기 위하여서는 너무나 두꺼운 진심과 치심의 벽을 넘어야 하기 때문입니다.

탐심, 즉 먹고사는 문제가 해결된 사람은 그다음 욕망인 진심의 문제를 해결하려고 합니다. 진심의 욕망까지 해결한 사람은 탐심을 해결한 사람보다는 낫지만, 아직 부처님과는 멀리 떨어져 있습니다. 치심이라는 넘기 힘든 거대한 벽이 가로막고 있기 때문입니다.

진심을 어느 정도 닦은 사람은 세상 부귀영화에 대한 미련이 없습니다. 가족에 대한 사랑도 거의 사라졌습니다. 그들에게 남은 욕망이 있다면 영원한 것에 대한 욕망, 자연의 비밀을 아는 것에 대한 욕망입니다.

탐진치를 닦아 능력자가 되다

탐심을 해탈하여 먹고사는 문제를 해결하다

 탐진치는 모든 고통의 근본일 뿐 아니라 부처님 자리에서 중생으로 타락하게 된 근본 원인이기에, 수도인은 본격적 수행에 앞서 다음과 같이 참회합니다.

    아석소조제죄업 我昔所造諸罪業
    개유무시탐진치 皆由無始貪嗔癡
    종신구의지소생 從身口意之所生
    일체아금개참회 一切我今皆懺悔

 내가 무시겁에 살면서 지어온 모든 죄업은 모두 탐진치 때문입니다.

몸, 입, 마음으로 죄업이 나타나

내가 지금 모두 참회합니다.

탐진치란 무엇인가요?

주위 환경에 영향을 받는 종속적인 마음이요, '어서 목표를 달성하겠다.' 하며 바쁘게 설치는 마음이요, 설치다가 어느 정도 되는 듯하면 '이만하면 되었다.'고 스스로 만족하는 마음입니다. 수시로 변하고 흔들리는 마음입니다.

흔들리는 마음이 특성인 탐진치는 모든 고통의 근원이고 각종 재난의 원인이며, 심지어는 사람을 악도[5]에 떨어지게까지 합니다. 그래서 탐진치는 사람을 망치는 세 가지 독소라 하여 삼독三毒이라 합니다. 삼독 중 탐심이 모든 불행의 씨앗이며, 탐심의 씨앗은 진심으로 연결되고, 진심은 치심으로 발전합니다.

수도자가 수도 중 제일 먼저 만나게 되는 마음의 장벽은 탐심일 것입니다. 수도를 통하여 탐심의 장벽을 뛰어넘을 때 먹고사는 두려움이 없어질 수 있습니다.

밝은 선지식이 계시는 수도장에서 쥐의 마음, 즉 궁한 마음, 탐심을 해탈하여 먹고사는 문제를 처음으로 해결한 이야기가 제8장에 있습니다. 궁한 마음도 탐심이지만 바라는 마음 역시 탐심

---

5 악도惡道: 나쁜 일을 저지른 결과 죽은 뒤에 가야 할 지옥·아귀·축생·수라의 네 가지 고뇌의 세계

입니다. 쥐의 마음을 해탈하는 과정에서 바라는 마음도 동시에 해탈하였습니다.

수도자들도 부처님을 초능력자요 의지의 대상으로 생각한다면, 어려운 일이 있을 때 '부처님 이 위기에서 나를 구원해 주세요.'라고 할 수 있습니다. 사사건건 부처님께 매달리기 쉽습니다. 그러나 탐심을 닦아 상당히 지혜롭게 변한 사람이라면 '부처님 나를 잘 보호해 주십시오.' 하는 마음에서 '부처님 잘 모시겠습니다.'라는 마음으로 바뀝니다.

무슨 일을 하든지 일일이 '이 일은 나 잘되기 위하여 하는 것이 아니고 오직 부처님의 마음을 기쁘게 해드리기 위하여 합니다.'라고 생각합니다. 자신을 위하는 일보다 부처님의 뜻을 받들도록 변합니다. 부처님 뜻대로 살려고 합니다.

먹고사는 문제는 본능 중에서도 가장 원초적 본능인데, 이를 해결하는 지혜는 탐심을 깨침으로 가능합니다. 왜냐하면 우리는 본래 부처님처럼 전지전능하므로 먹고사는 문제를 비롯한 모든 난제를 다 해결할 수 있는 위대한 존재인데, 탐욕심 다시 말해 궁한 마음이라는 장벽에 막혀서 먹고사는 쉬운 문제가 난제로 변하였기 때문입니다.

진심을 닦아 능력자가 되다

사람들은 세상을 잘살기 위하여 배워라, 스펙을 쌓아라, 자격을 갖추어라 합니다. 그러나 지혜로운 이는 능력 있는 사람이 되려면 무엇보다도 먼저 마음속에 진심(성내는 마음)을 닦아야 하며, '왜 안 되나.' 하는 마음을 해탈해야 한다고 할 것입니다.

왜냐하면 진심을 닦아야 비로소 남을 배려하는 마음이 생기고, 이 배려심은 곧 리더십의 기본이기 때문입니다. 또 리더십을 한층 더 업그레이드하려면 능력이 있어야 하는데, 이 능력 역시 마음속에서 '안 된다, 못 한다.'는 생각이 '된다, 할 수 있다.'로 바뀔 때 생기기 때문입니다.

진심 해탈은 능력자가 되게 하는 결정적 조건입니다. 선지식은 다음과 같이 말씀하셨습니다.

우리는 석가여래와 똑같이 모든 것을 다 구족한 위대한 존재이다. 구하려 하면 다 구해진다. 얻으려 하면 다 얻게 된다. 그런데 구하지만 아니 되는 이유는 무엇인가? 그것은 스스로의 마음에 '안 된다.'는 진심嗔心이 있기 때문이다. 마음에 '안 된다.'라는 진심만 없다면 아니 되어질 일이 하나도 없다.

언제인가 정미소를 하는 A가 찾아왔다.

"제가 허약해서 쌀가마를 마음대로 다루지 못하여, 사람들이 '저거 하나 못 들면서 정미소 사장이야?' 하며 업신여깁니다. 제가 쌀가마를 마음대로 들 수 있다면 정미소 직원들을 통솔하는 데 큰 힘이 될 것 같습니다. 저같이 허약한 사람도 금강경 공부를 잘한다면 쌀을 들 수 있을까요?"

"안 된다는 생각을 부처님께 바쳐 소멸하면 안 될 것 없지. 정미소 앞, 늘 자주 다니는 길목에 쌀 한 가마니를 놓고 지날 때마다 '내가 저것을 마음대로 못 들지.' 하는 생각을 부처님께 바쳐 보아라. 처음에는 그 생각이 바쳐지지 아니하지만, 꾸준히 바치는 연습을 하면 결국 무거워 못 든다는 생각이 없어지며 들 수 있게 된다."

그는 무거워 못 든다는 생각이 착각인 줄 알고 100일 동안 꾸준히 바친 결과 결국 쌀가마(80kg)를 번쩍번쩍 들어 올리는 장사가 되었다.

이러한 말씀을 들으며 '안 된다, 못 한다.'는 마음을 부처님께 바치는 수행으로 말미암아 나 자신이 점점 변화하는 것을 실감하였습니다. 이 생각이 착각이거니 하고 부처님께 바치다 보면, 어렵고 힘들다고 생각된 일이 어느덧 사라지는 것을 발견합니다.

당시 수도 도량 도처에는 진심 닦을 일로 가득 차 있었습니다. 어려운 일을 대할 때 어렵다 하면 무능한 사람이 되고 말 것입니다. 두려운 일이 생길 때 두려워 일을 진행하지 못한다면 이 역시 무능한 사람이 될 것입니다.

수도장에서 하는 일이란 젖소 목장일, 농사일이었는데 모두 처음 경험하는 일이어서 싫고 귀찮고 불가능한 일 투성이였습니다. 이런저런 귀찮은 일이 눈에 뜨일 때마다 예전 습관대로 '싫어, 안 돼, 모르겠어.'라는 말이 무의식적으로 튀어나왔습니다. 이때 선지식은 "안 된다, 못 한다, 모른다는 생각을 모두 부처님께 바쳐라." 하셨습니다.

나는 어렸을 때부터 늘 병약해서 힘든 일은 못 한다, 허약하여 일을 많이 할 수 없다, 참을성이 없어 오래 일을 하지 못한다는 생각을 자주 하였습니다. 만일 출가하여 선지식의 가르침을 받지 못하였다면 일생을 병약한 사람, 끈기 없는 사람으로 살았을 것입니다.

중노동인 목장일로 견디기 힘들 때마다 '나는 허약하다.' '나는 끈기가 없어 한 가지 일을 오래 못 한다.'는 생각을 부지런히 부처님께 바쳤습니다. 그 결과 스스로 허약하다는 생각에서 벗어나 이 글을 쓰는 지금까지 건강하게 되었고, 지구력이 부족하다는 생각에서 벗어나 끈기 있는 사람이 되었습니다.

"내 사전에 불가능은 없다."

이것은 유명한 나폴레옹의 말입니다. 그러나 불가능을 수없이 체험하던 학생 때, 나폴레옹의 이 말은 이해할 수도 실감할 수도 없었습니다.

그런데 금강경 공부를 통해서 진심의 벽에서 벗어나게 되니 불가능이 착각이요, 본래는 없는 것이라는 말이 비로소 이해도 되고 실감이 났습니다. 마음속에 아니 된다는 생각을 바쳐 소멸하면 안 될 일이 없는 것을 알게 되었습니다.

선지식께서 다음과 같이 정리해 주셨습니다.

"안 된다, 못 한다는 생각이 본래 있는 것이라면 그 생각을 부처님께 바친들 어찌 없어지겠느냐? 그런 생각은 착각이요 본래 없는 것이기에 부처님께 바친다면 본래 없는 자리, 곧 부처님 자리로 되돌아가는 것이다. 아니 된다는 생각을 부처님께 바쳐 해탈하면 아니 될 일 하나도 없을 것이다. 못 한다는 생각도 착각임을 알고 부처님께 바쳐 소멸하면 못 할 일도 없을 것이다."

치심을 닦아 인재가 되다

자신을 비롯한 수많은 사람을 먹여 살릴 수 있는 지혜로운 사람을 최고 경영자CEO라 합니다. CEO가 되기 위해서 무엇을 하여야 할까요?

"모른다는 생각 역시 착각인 줄 알고 그 생각을 부처님께 바쳐라. 모른다는 생각이 사라진 그 자리에 부처님 광명이 임하게 되어, 모를 것 없이 다 알게 될 것이니라."

선지식의 말씀입니다. 지혜롭지 않은 사람은 무엇을 하겠다고 설치다가 잘 아니 되면, '왜 아니 되나?' 하며 짜증을 냅니다. 그러다가 소기의 목적이 달성되는 듯하면, '이만하면 되었다.'고 이름 짓고 만족합니다.

선지식의 말씀에 의하면 우리는 본래 부처님처럼 위대한 존재요 밝은 존재이기에, 세상의 작은 목표 달성에 만족하고 이만하면 되었다고 이름 짓는 것 자체가 매우 어리석은 일이요, 무지無智의 소치라는 말씀입니다. 치심이 곧 무지인 것입니다.

사람들은 이만하면 되었다는 무지의 마음은 아무 형상이 없기에 부처님께 바칠 번뇌라 생각하지 않습니다. 그러나 이렇게 드러나지 않고 습관화된 번뇌 역시 다 바쳐야 할 대상임이 틀림없습니다.

사람들은 모르는 일에 봉착하였을 때 처음에는 알려고 시도합니다. "이 무엇인고(이 뭐꼬)?" 하는 참선의 화두 역시 우주의 진리를 알려는 시도입니다. 한결같이 알고자 하면, 대개는 답이 느닷없이 알아집니다. "이 무엇인고?" 하며 시종일관 알고자 하는 것은 다시 말해 무엇인가를 모르겠다고 이름 짓지 않는 것입니다. "이 무엇인고?"는 모른다는 생각을 부처님께 바치는 것과 동일합니다.

어째서 모르겠다는 생각이 착각인 줄 알고 부처님께 바치면 알게 될까요?

지금 두 학생 A와 B가 수학 문제를 풀고 있습니다. 문제를 풀기 위하여 집중합니다. 똑같이 집중했지만 시험 친 결과 A가 B보다 성적이 우수하였습니다.

사람들은 A가 머리가 좋으니 어찌 B가 A를 따라잡을 수 있겠는가? 라고 합니다. 그러나 지혜로운 이는 그렇게 말하지 않습니다. 단지 A는 문제를 대할 때 '모르겠다.'라는 생각을 하지 않고 포기하지 않는 특성이, 쉽게 '모르겠다.'를 내뱉는 B 학생보다 성적이 좋은 이유라 하실 것입니다.

꾸준히 알려고 하며, 모른다는 생각을 내지 않으면 결국 누구나 다 알게 됩니다. '모르겠다.'고 이름 짓는 순간 정말 모를 일이 생기게 됩니다. 이것이 모르겠다는 생각이 착각인 줄 알고 부처님께 바쳐야 알아지는 이유입니다.

금강경 공부하는 사람은 간화선 수행자처럼 "이 무엇인고?" 하며 알려는 마음으로 수행하지 않습니다. 알려고 설치는 마음이 탐심이 되기 쉽기 때문입니다. 탐심이 동하면 알던 것도 모르게 됩니다.

수시로 '모르겠다.' '나는 전에도 이것은 못 풀었다.' 자포자기하는 생각이 계속 떠오르는데, 이때마다 이것이 잘못인 줄 알고 계속 부처님께 바칩니다. 설사 정말 모르는 문제라 하더라도 변함없이 알고자 하는 마음을 갖고 모른다는 생각을 수시로 부처님께 바친다면 꿈으로라도 알 수 있습니다.

모르는 일을 꿈으로라도 알게 된다면, 이것이 지혜 발현의 시초입니다.

꿈을 통해서 지혜로워지다

과연 꿈이란 무엇인가요? 안식眼識, 이식耳識, 비식鼻識, 설식舌識, 신식身識, 의식意識 등이 현재의식이 만들어낸 세계라 한다면, 꿈은 현재의식이 만든 분별심이 사라지고 잠재의식이 만든 세계라 하겠습니다.

심외무법心外無法의 말씀처럼 현재의식이 만든 현실 세계는 모두 자신의 마음이 만든 세계요, 따라서 이 전개된 삼라만상이란 모두 자기 마음의 표현이며 자신의 분신이라 할 수 있습니다. 꿈속의 모든 현상은 모두 자기 잠재의식의 표현이며 자신의 분신입니다.

꿈속에서 개犬를 보았다면 이것은 무엇을 뜻할까요? 자신의 진심嗔心을 본 것이요, 꿈속에서 돼지를 보았다면 자신의 탐심을 본 것이라고 할 수 있습니다.

돼지꿈이 길몽이라는 것은 무슨 뜻일까요? 돼지꿈을 꾸고 거액의 복권에 당첨된다는 것은 무엇을 말하는 걸까요? 돼지를 꿈에 본 것은 자신의 탐심을 발견하고 해탈한 것으로, 그 결과 거액의 복권을 타서 횡재한다는 길몽이 됩니다.

꿈속은 현재의식이 쉬는 상태입니다. 현재의식이 일으키는 각종 분별심이 사라지고 잠재의식이 드러난다는 것은 곧 자신의 속마음을 본다는 뜻입니다. 겉마음을 보는 지혜가 얕은 지혜라면, 속마음까지 보는 지혜는 깊은 지혜일 것입니다.

속마음(제7식)을 볼 수 있는 지혜란 무엇일까요?

현재의식의 뿌리인 전생을 보는 것입니다. 꿈에 분별심이 쉬면서 전생의 모습을 본다는 것을 의미합니다. 전생의 모습을 보는 지혜는 자신의 미래를 보는 지혜와 동일합니다.

그러나 금강경 공부를 잘하는 사람은 자신의 분별심을 부처님께 바쳐 소멸하므로, 꿈을 통하지 않고도 자신의 속마음을 보며, 경우에 따라 속마음의 뿌리, 즉 전생의 모습도 볼 수 있고 미래의 운명까지 예측할 수 있게 됩니다.

세계를 주름잡았던 영웅호걸 등은 지혜로운 사람이라 하겠습니다. 그들 중에는 태어날 때부터 지혜로운 사람도 있겠지만, 수행을 통하여 후천적으로 지혜로워진 사람도 있을 것입니다.

탐진치에 흔들리지 않고 꾸준히 공부하는 사람은, 비록 어리석게 태어났다 하여도 부처님께 바치는 공부로써 분별심을 소멸하고 속마음을 읽는 지혜에 도달할 수 있습니다. 수도를 통하여 흡사 제갈공명처럼 지혜로운 사람이 되지는 않는다 하여도, 일심으로 정성을 다하는 경우 꿈을 통해서라도 작지 않은 지혜에 도달할 수 있습니다.

일본의 유명한 소설가 시바 료타로司馬 遼太郞의 작품 『언덕 위의 구름坂の上の雲』은 아키야마 사네유키秋山眞之를 소재로 한 인기 소설이며, 2009년 NHK에서 드라마로 제작되어 인기리에 방송되기도 하였습니다.

아키야마 사네유키(秋山眞之, 1868~1918)는 러일전쟁(1903~1905) 때 일본 연합함대 사령관인 도고 헤이하치로東鄕平八郞의 참모로서 쓰시마 해전에서 러시아 발틱함대를 완전히 전멸시킨 일본 해군 제독提督입니다. 이 전쟁의 승리는 동양의 야만으로 알려진 일본이 세계 강대국임을 서양 사람들에게 알린 결정적 계기가 되었다고 합니다. 어떻게 열세인 일본 해군이 절대 강자인 러시아 해군을 이기게 되었을까요?

일본 해군은 러시아의 발틱함대를 격파하는 방법을 깊이 연구하였습니다. 그러던 중 당시 기획 참모였던 아키야마는 점심을 먹고 잠깐 졸았는데, 항로를 전혀 알 수 없었던 러시아의 발틱함대가 대한해협 쪽으로 지나가는 게 비몽사몽간에 보였습니다. 그러자 '아, 조금 있으면 러시아 배가 이 해협 쪽으로 오겠구나. 이곳은 물살이 센데, 매복하고 있다가 급습하면 러시아 함대를 전멸시킬 수 있을 것이다.'라는 아이디어가 떠올랐습니다. 아키야마 제독은 꿈에서 얻은 힌트대로 물살이 센 곳에 군사를 매복하였다가 잘못 진입한 러시아 함대를 전멸시키며 마침내 전투에서 승리하였습니다.

이 전쟁은 아키야마 제독이 비몽사몽 조는 순간, 분별심이 사라진 그 순간에 얻어진 지혜로 승리한 것이라 하겠습니다. 다른 표현으로 말하면 러시아와 전쟁에서 '승산이 없다.'라는 부정적 생각을 끝까지 따라가지 않았고, 결과적으로 승산이 없다는 분별심이 사라지며 나타난 지혜 광명이 승전보를 가져온 것이라고 할 수도 있습니다. 또 '모르겠다.'는 생각이 착각인 줄 알고 부처님께 잘 바친 결과라고 해도 좋습니다.

또 하나, 꿈이 이룩한 위대한 지혜의 실례입니다.

덴마크가 낳은 불세출의 과학자이며, 아인슈타인보다 뛰어나다는 평을 들은 과학자 닐스 보어(1885~1962)는 양자물리학을 완성했고 이 공로로 노벨물리학상을 받았는데, 그 시초가 된 것이 그의 뛰어난 두뇌가 아니라 꿈을 통한 지혜의 덕이라고 합니다.

닐스 보어가 원자 구조에 대해 깊이 고민하던 어느 날, 꿈속에 태양계가 보이면서 태양 주위로 지구가 도는 모습이 보였습니다. 닐스 보어는 이 꿈을 통하여 새로운 패러다임paradigm[6]의 원자 구조를 설명하였고, 그 결과 노벨물리학상을 받았습니다. 이 역시

---

6   패러다임paradigm: 한 시대 사람들의 사고나 인식을 근본적으로 규정하는 이론적인 틀이나 체계

꿈이 주는 위대한 지혜의 산물이라 할 수 있습니다. 또한 닐스 보어가 '모르겠다.'라는 생각이 잘못인 줄 알고 부처님께 성심껏 바친 결과라고 해도 좋습니다.

내 안에 무한한 지혜가 있다

금강경 수행으로 어리석고 캄캄했던 마음을 극복하여 지혜를 실현한 나의 체험을 말씀드립니다.

나는 4녀 1남의 외아들로 태어났습니다. 아버지는 집안일에 무관심한 분이셨기에 중학교 때부터는 어머니 혼자서 가정을 꾸려 온 셈이었는데, 의지할 곳 없는 어머니에게 유일한 아들인 나는 그야말로 하늘과 같은 존재였습니다.

허덕허덕 가정을 꾸려나가는 어머니가 늘 딱하게 생각되어 고등학생 시절부터 '내가 이다음에 대학을 졸업하면 좋은 데 취직해서 어머니가 먹고사는 걱정은 하나도 없도록 하겠다.'고 마음을 굳게 먹었습니다. 어머니 역시 "네가 대학만 졸업하면 우리 집안은 아무 걱정 없다."고 하시며 성심껏 학비를 조달하셨습니다.

그러나 대학을 졸업하고 제대 후 정작 취직할 때가 되어서는 도인을 만나 출가의 길을 갔습니다. 닭 쫓던 개가 지붕 쳐다보는 격이라는 우리나라의 속담이 있는데 딱 그 처지가 된 것입니다.

"네가 수도하러 가면, 네 동생과 우리 식구는 어떻게 사니?"

어머니는 울면서 매달렸습니다.

"금강경을 가르치시는 훌륭한 스승을 만났으니 100일만 공부하고 곧 집으로 돌아오겠습니다."

얼버무리며 집을 떠났습니다. 하지만 울며 매달리던 어머니의 모습을 생각하며 상당 기간 가슴이 미어지는 고통을 감내해야 했습니다.

'부처님 공부는 이렇게 사람과 사람의 정을 끊어 놓고 신의를 배반하게 하는 공부인가?'

슬픈 감정이 북받치는 날에는 부처님 공부고 뭐고, 다 던지고 집으로 달려가고 싶었습니다. 그러다 어느 때에는 어머니에 대한 불쌍한 마음은 슬픔으로, 슬픔은 공부의 퇴타심으로 이어지기도 하였습니다.

당시에는 어머니에 대한 이 애틋한 정이 마음을 닦는 데 결정적 장애가 된다는 것을 전혀 알지 못하였습니다. 인간으로서 당연히 가지는 아름다운 감정이요, 자식이 부모에 대해 갖는 매우 바람직한 마음의 자세라 생각하였습니다. 그러나 금강경 공부를 조금 해 보니 어머니를 불쌍하게 여기는 이 마음은, 부처님 공부를 방해하는 심각한 독소였습니다. 그 독은 나를 지혜롭지 못하게 하고, 한없이 무능력하게 하였습니다.

세상 기준으로 본다면 나를 위해 모든 것을 희생하신 어머니는 나에게 도움을 주는 절대적 존재임이 틀림없는데, 밝은이의 관점에서 본다면 분명 방해하는 존재임이 틀림없었습니다.

종종 선지식께서는 이렇게 말씀하셨습니다.

"정말 너희 어머니가 불쌍한 것이냐? 네 마음에 불쌍하게 보는 소질이 있어서 너희 어머니가 불쌍한 존재로 보이는 것이냐?"

처음에는 정말 어머니가 불쌍한 것 같았습니다. 내 마음에 사람을 불쌍하게 보는 소질이 나로 하여금 어머니를 불쌍하게 보게 한다는 생각은 꿈에도 할 수 없었습니다.

선지식께서는 자주 깨우쳐 주셨습니다.

"어머니가 불쌍하다는 그 생각은 사실이 아니고 바로 네 생각일 뿐이다. 그 생각이 착각이요, 잘못된 것인 줄 알아라. 범소유상凡所有相 개시허망皆是虛妄이라 하였다. 어머니를 불쌍하게 보는 그 생각이 착각이요, 잘못인 줄 알라는 뜻이다. 약견제상若見諸相 비상非相은 무슨 뜻이냐? 그 생각이 잘못인 줄 알고 부처님께 정성껏 바치라는 말씀이다.

그런데 왜 그 생각, 어머니가 딱하게 여겨지는 생각을 부처님께 바치라고 하셨는지 알겠느냐? 왜 부처님께서는 그 생각을 허망하다 하셨는지 알겠느냐?

그 생각을 부처님께 바쳐 해탈하려 하지 않고 계속 그 생각을 되풀이하면, 그 결과 너에게는 재앙이 오게 되고, 무지무능해지기 때문이다.

즉견여래則見如來. 이것은 무슨 뜻이냐? 그 생각을 정성껏 바치다 보면 마침내 너는 모든 재앙에서 벗어나게 되고 능력자로 바뀌게 되며, 무지한 사람이 지혜롭게 되어 결국 밝아진다는 뜻이다.

만일 불쌍한 생각이 잘 안 바쳐진다면 그 마음에 대고 지금 이야기한 금강경 사구게, 즉 '범소유상 개시허망 약견제상 비상 즉견여래'를 자꾸 염송하라. 또는 그 불쌍한 어머니의 얼굴에 대고 정성껏 미륵존여래불彌勒尊如來佛을 염(念, 염송) 해라."

선지식의 가르침대로 '어머니는 허약해서 내가 없으면 죽을 것만 같다.'라는 생각을 부처님께 바치니까, 내 안에 있는 불쌍하게 보는 마음(소질)을 어머니에게 단단히 붙여 놓고, 정말 불쌍한 존재로 착각했다는 것이 분명하게 알아졌습니다.

내 분별심을 상대에게 탁 덮어씌우고 보니 상대가 제대로 보일 리가 있겠느냐는 선지식의 말씀이 생각났습니다. 내 마음(분별심)이 바로 세상을 만들었다는 것에 공감하며, 일체유심조의 진리가 실감 났습니다.

"네가 어머니를 불쌍하게 생각한다고 말하면 사람들은 너를 효자라 할지 모른다. 그러나 밝은이는 네가 어머니를 불쌍하게 보는 것이 아니라, 네가 네 자신을 불쌍하게 보는 것이라고 할 것이다.

네 어머니는 실은 어머니가 아니요, 어머니라는 네 생각일 뿐이다. 그것은 네가 자신을 불쌍히 여기는 것과 마찬가지다. 왜냐하면 어머니를 포함한 마음 밖의 모든 현상은 네 분별심이 만들어 낸 허상이기 때문이다.

네가 어머니를 불쌍하게 보는 사고방식을 바꾸지 않고 세상에 나간다면, 너는 반드시 불쌍한 존재가 될 것이다.

마찬가지 이치로 네가 세상을 꾸짖는 것은 실상 세상을 꾸짖는 것이 아니요, 바로 자신을 꾸짖고 욕하는 것이다."

다른 사람을 딱하고 불쌍하게 보는 사고방식이 자신을 불쌍한 존재로 만든다는 것입니다. 따라서 수도장에서 어머니를 불쌍하게 보는 그 마음을 해탈하지 않고 사회에 진출하면 나는 불쌍하고 무능한 존재가 될 수밖에 없다는 것입니다.

선지식께서는 어머니와의 업보를 해탈하지 않는 한, 즉 내 마음속에서 사람을 불쌍하게 보는 사고방식을 없애지 않는 한, 제대로 사회생활을 할 수 없다고 단정하여 말씀하셨습니다.

이런 말씀은 불교 수행과 사회생활을 연관시키는 법문인데, 이 법문이 처음에는 상당히 생소하게 들렸습니다. 왜냐하면 불교 수행이 사회생활과 관련이 있다고 생각해본 적은 없었기 때문입니다. 불교는 마음 닦아 생사 해탈하는 가르침일 뿐 현실에서 잘 사는 것, 무능력자가 인재가 되고 영재가 되는 것과는 아무 상관이 없다고 보았기 때문입니다.

그 이후로 나는 자신을 불쌍하게 보는 소질이 어머니를 불쌍한 존재로 보게 하는 것을 알게 되었고, 본격적으로 그 생각을 부처님께 바쳤습니다. 내 마음속 불쌍하게 보는 소질에 대고 '미륵존여래불'을 정진한 결과, 나는 어머니가 불쌍하다는 생각에서 차츰 벗어날 수 있었습니다.

어머니가 불쌍하다는 생각이 들 때는 반드시 어머니의 딱한 모습이 떠오르곤 하는데 그 얼굴에 대고 '미륵존여래불'을 계속 염송하였습니다. 정진을 하는 중에 어느 때는 어머니가 노란 옷을 입고 나를 향해서 오는 모습이 떠오르는데…. 그다음 날이면 어머니가 노르스레한 옷을 입고 수도장으로 찾아오곤 하였습니다. 말하자면 금강경 공부를 통하여 어머니가 올 것을 미리 알게 된 것입니다.

처음에는 이것이 우연의 일치라고 생각하였습니다. 그런데 분별심이나 알고 싶은 것을 부처님께 바쳐 해답을 얻는 체험이 잦아지면서, 이는 우연이 아닌 당연한 결과이며, 마음 닦아 분별심이 사라진 그 자리에 스며드는 부처님 광명이라는 생각이 들었습니다. 어느덧 내 속에도 부처님처럼 무엇인가 아는 능력이 분명 존재한다는 믿음이 커지게 되었습니다.

금강경 공부의 결과 비몽사몽간에 알아지거나 보이는 현상을 우리는 '경계'라고 불렀습니다. 경계로 현실을 파악해 알 수 있었고, 또 꿈으로도 궁금하였던 여러 가지를 알게 되어 해답을 얻기도 하였습니다. 이런 해답은 분별이 소멸되어 나타나는 현상으로, 지혜라 할 수 있습니다. 큰 분별심이 사라지면 더 큰 지혜가 나타날 것입니다.

　부처님께 부지런히 바치면서 어머니에 대한 불쌍한 마음이 점차 사라지게 되었는데, 동시에 어머니 역시 아들에게 매달리는 마음에서 벗어나 편안하게 되었습니다.

　'이것이 어머니와 맺은 업보의 해탈인가?' 생각하였습니다.

　대체 어머니와 나는 무슨 인연을 맺었기에 그렇게 불쌍하고 애절하게 느껴지는 것일까? 전생에 맺은 인연은 무엇인가?

　어머니를 생각해도 마음이 편안해진 어느 날, 검은 고양이를 꿈에서 생생하게 보았습니다. 어째서 검은 고양이가 보일까? 무슨 뜻일까? 아무런 의미가 없는 개꿈은 아닐까? 검은 고양이 꿈의 뜻을 모른다는 생각을 정성껏 부처님께 바치면 그 뜻도 알 수 있으리라.

　그러나 그 당시 내 공부 정도로는 그 검은 고양이의 뜻이 무엇인지 알 수 없었습니다. 선지식께서 금강산에서 수도하시던 중 체험하신 이야기가 떠올랐습니다.

　"일제에서 해방을 염원하며 금강산에서 공부하던 어느 날, 기도 중에 홀연히 한 광경이 눈앞에 떠올랐다. 분명히 해방되었다고는 하는데 서울은 동경에 매여 있고, 평양은 아득한 북쪽 어디쯤에 매여 있는 장면이었다. 어째서 서울과 평양이 서로 다른 곳에 매여 있을까? 그러나 더 이상은 알 수 없었다.

해방이 된다는 것은 알겠는데 그 내용은 알 수 없으니 답답한 마음은 그 광경을 보기 전이나 후나 마찬가지였다. 수행과 기도를 계속하며 마음속에 탐심, 진심 그리고 치심이 점차 소멸되자 비로소 그 뜻을 분명히 알게 되었다. 이때가 해방되기 10년 전이었다.

1945년 8월, 서울이 동경에 매인 것은 맥아더 사령부가 동경에 있기 때문이었고, 평양이 북쪽 어디엔가 매인 것은 평양이 모스크바의 지시를 받고 있기 때문이었다."

이 말씀처럼 꿈속에 보이는 검은 고양이가 무엇을 뜻하는지 모르는 것은, 해방이 되었는데 서울이 동경에 매인 이유를 모르는 것과 마찬가지입니다. 꿈에 본 검은 고양이를 생각하며 계속 그 생각을 부처님께 바치자 검은 고양이에 대한 궁금증이 사라지게 되었는데, 그때 선지식께서 다음과 같은 말씀을 해 주셨습니다.

"너의 어머니는 전생에 절간에서 만난 인연으로, 실은 너의 상좌였다. 제자인 어머니에게 물건 관리를 맡겼는데 어머니의 손버릇이 시원치 않아 상좌의 일거수일투족을 늘 관찰하고 종종 의심하였다. 남의 잘못을 들여다보는 마음은 바로 고양이 마음이요, 그런 마음의 연습은 고양이보를 받는다. 너는 전생에 어머니를 의심하고 간섭한 연고로 사람 몸을 잃어버리고 고양이 몸을 받았다. 물건에 대한 애착심이 동반되었기에 고양이의 색깔이 검은 것이다.

네가 금생에 어째서 너의 어머니 집에 태어난 줄 아느냐? 바로 어머니의 전생의 허물을 꾸짖기 위해 그 집에 태어난 것이다. 그래서 어렸을 때부터 너는 어머니의 말에 톡톡 쏘는 기질이 있었다.

꿈속의 검은 고양이는 전생 어느 때인가 너와 너의 어머니가 맺은 업보의 모습인데, 그 업보의 모습을 보는 것을 고인古人은 각지즉실覺之卽失이라 하였다. 즉 보게 되고 알게 되니 업보 업장이 사라졌다는 뜻이다.

네가 어머니와 맺은 업보의 모습을 본 것만으로 너의 어머니에 대한 불쌍한 생각, 즉 애정이 어느 정도 해탈되었다 할 수 있다. 불쌍한 그 마음을 좀 더 정성껏 잘 바친다면 이와 관련된 구체적 사실까지 상세히 알아져 어머니에 대한 모든 미련을 다 해결하게 될 것이다. 알아지는 이 현상, 그것을 지혜라 한다."

확실히는 몰라도 어머니와 맺은 전생의 인연을 대충 알게 된 셈입니다. 지금은 매우 어설프게 아는 정도이지만, 더욱 철저하게 바치는 연습을 한다면 모든 것을 확실히 규명하고, 잘하면 나와 같은 못난이도 도인의 반열에 올라설 것이라 기대하였습니다.

부처님께 바치는 수행은 학문의 세계에도 빛을 발하다

수행 중에 얻어진 이러한 지혜는 수도장을 떠나 사회생활을 하고 학문의 세계에 뛰어들면서 더욱 빛을 발하였습니다. 뒤늦게 대학원에 입학하여 관심을 가지고 연구했던 것은 액체점성Liquid viscosity에 관한 내용이었습니다. 액체점성 연구는 세계적인 기라성 같은 학자들도 모두 풀지 못한 난제이며, 또 영원히 해결할 수 없다는 물리학의 미완성 과제였습니다. 대학을 졸업한 후 오직 금강경 공부에만 몰두하면서 학문이나 연구와는 거리가 먼 생활을 하다가 뒤늦게 학문의 세계에 뛰어들었습니다. 더구나 액체점성에 관하여서는 모르는 것 투성이였습니다.

지도교수님을 비롯해 그 누구도 의논할 사람이 없었고 참고문헌도 발견하기 어려웠습니다. 내가 액체점성에 대해 연구하겠다고 나선 것은 말하자면 아무것도 모르는 하룻강아지가 범 무서운 줄 모르고 덤빈 꼴이라고 할까요! 그렇지만 나에게는 자연의 비밀을 밝힐 수 있는 훌륭한 무기가 있었습니다. 그것은 금강경 공부를 통해 획득한 무기, 즉 모른다는 생각이 착각인 줄 알고 정성껏 부처님께 바치는 방법입니다.

'액체점성의 정체성이란 무엇일까?' 도대체 모르겠다는 생각이 수시로 들 때마다 그 생각을 정성껏 부처님께 바쳤습니다. 모른다는 것이 착각이므로 알아질 때까지 바치고 또 바쳤습니다.

그러던 어느 날, 참 신기하게도 액체의 점성과 기체의 점성을 하나의 상태 방정식으로 엮을 수 있다는 기발한 아이디어가 떠오르게 되었습니다. 드디어 이를 수식화할 수 있게 되자, 지금까지 알려지지 아니한 액체점성에 관한 수많은 비밀을 일시에 설명할 수 있게 되었습니다. 이 사실을 토대로 새로운 논문을 쓸 수 있었고, 지도교수님은 흥분을 감추지 못하며 이 논문은 세계를 깜짝 놀라게 할 훌륭한 논문이라고 칭찬하셨습니다.

당시 이 방면의 학자들에게는 액체의 점성과 기체의 점성은 전혀 다른 메커니즘으로 설명되는 것이고 하나의 일관된 메커니즘으로는 설명할 수 없다는 주장이 대세였습니다. 그러나 이 논문은 이런 가정을 뒤집고 액체의 점성과 기체의 점성을 동일한 메커니즘으로 설명할 뿐 아니라 많은 점성의 이상異常 현상을 명쾌하게 설명할 수 있는 획기적 논문이었기 때문입니다.

지도교수님께서 다른 사람이 도용하여 큰 상을 받는 것을 방지하라고 하여 논문 특허까지 취득하였지만, 이 논문(A paradigm for the Viscosity of Fluid, Bull. Korean Chem. Soc. 1988)은 생각보다 큰 빛을 보지 못하였습니다.

그러나 가장 중요한 것은 이 연구 과정에서 모른다는 생각이 착각인 줄 알고 정성껏 부처님께 바침으로써 자연과학의 난제까지도 해결하였다는 것입니다.

이로써 모른다는 사실이 착각인 줄 알고 부처님께 바치는 이 가르침을 프로그램화하여 교육 현장에 적용한다면 모르는 사람, 즉 둔재를 영재로 만들어 사회 발전에 크게 기여할 수 있을 것이라는 사실을 알게 되었습니다.

10장

금강경의 현실 적용(3)
- 교육 -

금강경 공부로 인재를 만들다

우리나라의 교육 현실

조선시대의 교육은 어떤 교육이었을까요? 조선시대 교육의 실상을 정확하게 알 길은 없지만 군사부일체君師父一體[1]를 강조한다는 점에서, 조선시대 사람들은 올바른 자녀 교육을 위하여 훌륭한 스승을 택하고 인성교육을 시켰을 것이라 어렵지 않게 짐작할 수 있습니다.

조선시대 교육의 교과서는 성인군자의 말씀인 사서삼경四書三經[2]이었고, 교육 방법은 사서삼경을 수지독송하는 것이었습니다.

---

1 군사부일체君師父一體: 임금과 스승과 아버지의 은혜는 다 같다는 뜻
2 사서삼경四書三經: 유교의 기본 경전. 사서는 대학, 논어, 맹자, 중용, 삼경은 시경, 서경, 주역

군자³의 법식을 이해하고 마음을 닮게 하여 보통 사람을 군자처럼 지혜롭게 만드는 교육방식, 말하자면 인성교육과 지혜교육의 방식을 택한 것입니다.

하지만 이러한 교육으로 배출한 조선의 인재들은 아상을 닦아 밝아지는 수행을 병행하지 않았기에, 정치에서 사색당쟁⁴이 있었고 경제적으로는 사농공상⁵의 풍토로 상공업을 천시하였습니다. 결국 조선은 국력이 쇠퇴하여 침몰하였습니다. 다행히 일본의 패망으로 해방은 되었지만, 그 당시 우리나라는 세계에서 가장 못사는 나라였습니다.

그러나 조선 오백 년간의 지혜교육과 인성교육이 효과가 전혀 없지는 않았던 모양입니다. 우리나라의 역사를 예리하게 통찰한 어느 서양 사회과학자⁶는 조선의 교육정신이 경제를 바닥 상태에서 현재의 풍요로운 상태로 만드는 데 잠재적 역할을 했다고 분석하기도 하였습니다.

그러나 가장 못사는 나라에서 세계 10대 경제 대국이 된 결정적 힘은 조선시대의 교육이 아니라, 선진국을 따라잡는 교육, 즉 지식교육과 모방교육이라고 하겠습니다.

◇◇◇◇◇◇◇

3 군자君子: 유교에서 도덕적으로 완성된 인격자를 일컫는 말
4 사색당쟁四色黨爭: 당파를 이루어 서로 싸우던 일
5 사농공상士農工商: 선비·농부·공장工匠·상인의 네 가지 신분을 아울러 이르는 말
6 임마누엘 페스트라이쉬(이만열): 『한국인만 모르는 다른 대한민국(하버드대 박사가 본 한국의 가능성)』, 21세기북스, 2013

이런 교육이 경제 성장에 상당한 견인차 역할을 한 것이 사실이지만, 선진국을 모방하는 지식교육 형태는 창조적 두뇌 개발을 불가능하게 하므로, 우리나라가 선진국의 벽을 넘어 세계를 주도하는 나라가 되는 것은 도저히 불가능하다 하겠습니다.

우리나라 우수한 수재들은 해외 유학 시 번번이 미국 등 선진국 학생들에 대해 많은 열등감을 느끼곤 합니다. 우리나라 학생들이 자질이나 노력이 부족해서 그런 열등감을 느끼는 것은 결코 아닐 것입니다. 우리나라에서 배운 정답만 찾는 교육, 지식만 배우는 교육으로는 창의성 교육을 받은 선진국의 학생을 상대할 수 없기 때문입니다.

과연 우리나라가 후진국의 대열에서 완전히 벗어나 선진국 대열을 성큼 뛰어넘어 세계 중심 국가로 되는 교육이 있을까요?

진리를 탐구하는 방법

진리를 탐구하는 두 가지 방법에는 귀납법[7]과 연역법[8]이 있습니다.

---

7   귀납법歸納法: 구체적인 사례를 바탕으로 일반적인 원리를 이끌어내는 논증의 과정
8   연역법演繹法: 보편적이고 일반적인 전제에서 특수한 결론이나 주장을 이끌어내는 논리적 추리의 한 유형. 전형적인 형식은 삼단논법이고, 두 개의 전제(대전제와 소전제)로부터 결론을 도출한다

그리스 수학자 유클리드[9]에서 비롯되었다는 귀납법은 직관이 덜 발달한 보통 사람들이 진리를 발견하는 방법으로, 사람들의 경험이나 정보를 토대로 얻은 결론을 바탕으로 새로운 진리를 발견하는 방법입니다. 따라서 귀납법으로 얻은 진리는 완벽하지 않은 경험이나 정보를 토대로 하였기에 이로부터 얻어진 진리 역시 불완전한 진리라 하겠습니다.

이에 반해서 데카르트[10]로부터 비롯된 연역법은 올바른 전제를 토대로 하는 방법으로, 이때 얻어진 진리는 100% 옳은 진리, 완전한 진리가 됩니다.

특히 연역법은 직관력이 뛰어난 사람들의 기본 가정을 토대로 한 진리 탐구 방법이기에, 비록 그 방법이 서양에서 시작되었지만, 세상의 이치를 훤히 다 아는 도인이 많은 동양에서 더 활용되는 방법이라 하겠습니다. 도인이 적은 서양에서는 어쩔 수 없이 귀납법적 방법에 의존할 수밖에 없었을 것이며 불완전한 진리를 개발할 수밖에 없었을 것입니다.

독일의 유명한 철학자 임마누엘 칸트(1724~1804)는 자신의 선입견이나 편견을 제거하지 않고 단순 지식이나 정보를 분석하는 방법

---

9   유클리드Euclid: B.C. 300년경에 활약한 그리스의 수학자. 유클리드기하학의 대성자
10 데카르트(1596~1650): 모든 명제를 자명한 공리로부터 연역해 내는 기하학적인 방법을 철학에 도입한 프랑스의 철학자·수학자·물리학자·생리학자

으로 얻은 지혜는 불완전한 지혜라 하였는데(analytical a posteriori), 이는 귀납법적으로 얻은 지혜의 불완전성을 지적하는 것이라 하겠습니다. 한편 기존의 정보나 경험을 대하되 자신의 선입견을 소멸하고 얻은 지혜를 참 지혜라 하였는데(synthetic a priori), 이 말은 연역법적으로 얻은 지혜가 완벽함을 의미하는 말이라고 하겠습니다.

천재가 사라지고 도인이 부재한 21세기에는 대부분의 사람들이 오로지 귀납법에 의존하여 진리를 발견할 수밖에 없고, 이렇게 발견된 진리를 현장에 적용하여 얻은 교육이나 경영은 당연히 한계가 있을 수밖에 없습니다.

그러나 비록 도인 부재 시대라 하더라도 금강경과 같은 고전의 가르침을 기본 전제로 시작하는 연역법에 의한 경영 또는 교육이 존재한다면, 이 방법은 당연히 귀납법으로 제시된 것보다 더 완전할 것입니다.

실제로 경영과 교육 면에서 선지식의 가르침을 토대로 연역법과 귀납법을 비교해 봅니다.

귀납법의 경우 불완전한 전제(가정)로 시작하고 단계2의 관찰에서 결론을 도출하므로 불완전할 수 있습니다. 연역법 단계1에서의 전제가 금강경 구족의 진리에서 출발하므로 더 높고 확실하고 포괄적입니다. 그러므로 금강경식 경영이나 교육은 21세기 과학자들에 의해 개발된 그 어떤 교육 방법보다 훨씬 더 탁월한 교육 방법입니다.

귀납법

단계1 탁월한 능력의 CEO가 되기 위해서는 하버드대학교와 같은 일류대학에 진학하여 열심히 공부하여야 한다.

단계2 하버드대학교와 같은 일류대학에서 함께 공부하였지만 자신의 잠재의식의 힘을 믿고 이를 활용한 학생은 단순히 노력한 학생보다 더 뛰어난 능력의 CEO가 되었다.

단계3 뛰어난 CEO가 되기 위해서는 일류대학 진학과 병행하여 잠재의식의 활용법을 공부하는 것이 매우 중요하다.

연역법

단계1 우리는 마음속에 신神처럼 무한한 능력을 소유하고 있다. 뛰어난 CEO로서의 모든 소질을 다 갖추고 있다(구족具足의 진리).

단계2 현재 CEO가 되지 못하는 것은 스스로 열등하다는 마음이 무한 능력을 차단하고 있기 때문이다.

단계3 금강경 공부는 마음속에 열등하다는 생각을 사라지게 하여 본래 갖추어져 있는 무한 능력을 발휘하게 하므로, CEO가 되는 가장 좋은 방법이다.

소위 선진국 교육이라 알려진 바칼로레아Baccalaureate라는 교육 프로그램은 정답만 찾는 것이 아니라 답이 없는 현실에서 답을 만드는 사고방식을 훈련하고 창의성을 개발하는 교육입니다. 우리나라의 지식교육이나 모방교육보다 훨씬 더 뛰어난 지혜교육이라 하겠습니다.

그렇지만 자신의 선입견이 착각이요 본래 없는 것이라는 부처님의 말씀, 만고불변의 진리를 바탕으로 하지 않았다는 점에서, 바칼로레아라는 교육 프로그램 역시 귀납법적 진리 탐구 방식일 것이며 따라서 불완전한 교육임을 부인할 수 없을 것입니다.

우리나라가 선진국이 되고 세계 중심 국가가 되려면 당연히 지식교육이나 모방교육의 교육 방식을 탈피하여야 하지만, 그렇다고 무조건 서양식 교육 제도를 따라 할 수도 없는 것입니다.

어떻게 교육하여야 우리나라를 세계 중심 국가로 이끌어 나가는 각 분야의 인재들을 많이 만들 수 있을까요?

금강경식 교육의 우수성

금강경식 교육으로 외국 명문대학에서 공부한 것 이상의 창의성을 얻을 수 있을까요?

나는 감히 금강경식 교육으로 세계 명문대학의 교육보다 훨씬 더 깊은 지혜와 창의성을 창조할 수 있다고 확신합니다. 왜냐하면 금강경식 교육은 전지전능하신 부처님의 말씀을 근거로 하는 연역법 방식으로, 100% 올바른 진리에 도달하는 교육 방식이기 때문입니다.

따라서 이런 금강경식 교육을 받게 된다면 부도덕하던 사람이 도덕군자가 될 뿐 아니라, 무능한 사람은 능력자로, 무지한 사람은 지혜로운 사람으로 변화할 것입니다.

금강경식 교육의 첫 단계는 우리는 부처님처럼 세상의 모든 이치를 다 알고 무엇이든 못 할 것이 없다는 '구족의 진리'를 이해하고 공감하는 것입니다. 자신이 실제로 시시각각으로 바라는 모든 것을 다 이루고 있는 위대한 존재라는 것을 인식합니다.

두 번째 단계는 우리가 무시겁으로 지어온 죄업, 즉 탐진치로 인하여 본래 갖추고 있는 무한한 능력이 차단되어 발휘할 수 없게 되었다는 것을 실감하고 확실하게 믿어야 합니다.

세 번째 단계는 탐욕심이 착각인 줄 알고 부처님께 바쳐 소멸하는 것입니다. 우리는 탐욕심으로 말미암아 무한 능력의 소유자에서 열등한 존재로 타락하였습니다. 이 탐욕심이 소멸하면서 무한 능력의 소유자로 회복되고, 각종 능력이 발현하는 것을 감지하게 됩니다.

이때 부처님께서 말씀하시는 일체유심조와 공의 진리를 다시 확인하게 됩니다. 우선은 마음 밖의 모든 현실이 자신의 선입견의 표현임을 아는 일체유심조의 진리, 다음은 이 현실을 만든 선입견이 착각이요, 본래 없는 것이라는 공의 진리입니다.

이와 같은 진리를 실감하는 순간, 둔재가 인재가 되고 부도덕한 사람이 도덕적이 될 수 있습니다. 착한 일을 하면 굶어 죽는 것이 아니라 오히려 더 많은 것을 얻게 된다는 것을 알고 일체유심조와 공의 진리를 실천하여, 너와 나, 나와 부처가 둘이 아닌 불이의 진리를 실감하게 되어 세상의 모든 이치를 훤히 아는 도인의 반열에 오르게 될 것입니다. 동시에 세상에서는 능력자가 됩니다.

세상의 교육과 금강경식 교육의 비교

세상의 교육과 금강경식 교육을 도표로 비교하여 봅니다.

금강경식으로 교육하는 기관이 탄생한다면, 분명히 수많은 인재가 배출되어 우리나라를 최선진국으로 만들 것입니다.

〈세상의 교육과 금강경식 교육의 비교〉

	우리나라 교육	최선진국 창의성 교육	금강경식 교육
기본 전제	인간은 모르는 존재	인간은 모르는 존재	인간은 부처님처럼 다 아는 존재(구족具足)
교육 내용	지식중심 교육 ■지식 획득 ■경영교육 ■자연과학 탐구 ■도덕교육 대인관계	사고방식의 전환 훈련 ■각종 첨단 지식 ■리더십 교육 ■난제 대처	금강경의 진리 이해 ■일체유심조 공 불이 ■각종 첨단 지식
교육 방법	■지식평가 시험 ■시뮬레이션 ■정보수집과 실험 ■지식중점 토론 ■세미나	■창의성 평가 ■지혜교육 ■각종 난제 해결방법 ■무에서 유를 창조하는 훈련 ■창의력 개발 토론 ■세미나	■금강경 독송과 실천 ■정신은 가만히 두고(定) ■육체는 규칙적으로 움직임 ■업보 해탈 공부 ■가족과 일정 기간 격리 (전원 기숙사 생활)
스승	■지식이 많은 사람	■창의성이 뛰어난 사람	■일체유심조를 깨친 사람
교육 결과	■난제 해결 어려움	■일부 난제 해결 가능	■모든 난제 해결 가능

금강경 공부의 실용성과 필요성을 절감하며

○

캄캄하고 무지한 내가 무엇을 아는 정도로 변화할 수 있었던 것은 다름 아닌 어머니와 맺었던 업보, 즉 불쌍한 마음의 해탈 덕분입니다.
나는 비로소 선지식의 위대성과 금강경 공부의 실용성, 필요성을 절감하며, 금강경 공부를 통하여 나같이 못나고 어리석은 사람도 변하여 능력자도 되고 도덕군자도 되며 성자도 될 수 있다고 믿게 되었습니다.

선지식의 가르침을 바탕으로 한 금강경 교육 기관이 생긴다면 무능한 수많은 사람이 변화하여 인재, 영재가 되는 것이 가능하다고 생각합니다.

우리가 모든 것을 구족한 부처님과 같은 존재요 또 실제로도 시시각각으로 소원을 이루고 있는 위대한 존재라는 가정하에 금강경 공부를 하면, 그 누구나 마음속의 탐심의 벽, 진심의 벽, 치심의 벽이 본래 없음을 알게 되고, 마음속에 깊게 쌓인 열등감이 하나하나 제거되면서 고난이 축복의 근원이 된다는 믿음이 생깁니다.

출가 수행하여 중노동을 하지 않았다면 어찌 건강을 찾을 수 있었을까?
척박한 생활을 겪으며 이를 부처님께 바치지 않았다면, 어찌 지금의 행복과 편안함을 맛볼 수 있었을까?

어리석음을 바치지 않았던들 어찌 지혜가 생길 수 있을까?
궁한 마음을 착각인 줄 알고 부처님께 바치지 아니하였으면, 어찌 풍요로울 수 있을까?

금강경 공부는 공부하면서 만나게 되는 각종 고달픈 일이 한결같이 나 자신을 업그레이드하는 좋은 선물이었음을 알게 하였습니다. 또한 무지가 주는 고난이 곧 지혜의 근본임을 알게 하였고, 번뇌로 인한 고달픔이 곧 보리를 잉태하는 것임을 알게 하였으며, 드디어는 생사가 곧 열반임을 이해하고 공감하게 하였습니다.
따라서 금강경을 공부하는 사람들은 각종 고난을 만날 때 불평하지 않습니다. 고난에 깊이 감사하며 고난을 축복으로 받아들입니다.

금강경식 교육만이 진정한 인성교육이고 지혜교육이므로 다방면의 인재를 양성할 수 있습니다.

저자

김원수 金元洙

건강한 사회인이 되는 금강경 가르침, 재앙을 축복으로 만드는 금강경 수행은 저자가 1967년, 당시 불세출의 도인으로 알려진 백성욱 박사를 만나면서 시작되었다. 서울대학교 공과대학 금속공학과를 졸업하고 학군단 장교로 제대하며, 바로 소사(지금의 부천) 도량에 4년간 전일 출가하였다. 이후 저자의 일생은 스승의 금강경 가르침을 실생활에서 적용하는 보살행의 실천 수행이었다.

금강경 수행은 일상생활 외에도 고려대학교 대학원에서 이학 박사 논문을 쓸 때, 홍익대학교 재료공학부 교수로서 2008년 정년퇴임할 때까지 자연과학의 비밀을 연구하는 데에도 직접적으로 많은 도움을 주었다고 한다.

이 가르침으로 많은 사람이 지혜와 능력을 얻고 행복하게 살 수 있도록 '지혜교육 방송국'과 '금강경 연수원' 설립을 발원한다.

_ 수행 지도와 포교 _

현재 불교 방송(BTN)에서 수년째 금강경을 성황리에 설법하고 있다. 매주 일요 정기법회, 매일 자시子時 '주경야선 가행정진', 매주 2박 3일 '주말 출가' 등의 프로그램으로 실질적이고 알찬 금강경 실천 수행을 수년째 성공적으로 지도하고 있다.

스승의 가르침을 널리 알리기 위하여 전 재산을 희사하여 비영리 재단법인 백성욱 박사 교육문화재단(2020년), 종교법인 부처님 시봉하는 사람들(2022년), 사회복지법인 바른법연구원(2003년)을 설립하였다. 마음 닦는 무료 급식소를 2004년부터 운영 중이다(연인원 40만 명 이상). 심우 문화상, 대원 특별상, 대한 불교 조계종 총무원장상 등을 수상하였다.

_ 저서 _

『THE CREATORS, 우리는 늘 바라는 대로 이루고 있다』 영한대조판
『마음을 어디로 향하고 있는가』
『성자와 범부가 함께 읽는 금강경』
『크리스천과 함께 읽는 금강경』
『예수님은 법 받은 미륵존여래불』
『주경야선 가행정진으로 재가자도 성불할 수 있다』
『재앙을 축복으로 만드는 사람들 1, 2, 3』
『우리도 하버드대학보다 더 나은 학교를 만들 수 있다』 외 다수

우리는 늘 바라는 대로 이루고 있다
〈선지식의 크신 사랑〉

초판   1쇄 발행 2018년 6월 3일
재개정판 1쇄 발행 2024년 9월 23일

글_   김원수

발행처_   도서출판 바른법연구원
주소_   서울시 마포구 망원로 10길 21 401호
등록번호_ 제540-90-01473호
등록일자_ 2020년 9월 1일

구입 및 법보시 문의_ 031-963-2871

네이버 검색_   백성욱박사 교육문화재단
유튜브 검색_   백성욱박사 교육문화재단

© 2024 김원수

ISBN 979-11-987476-1-7 (03220)

정가 22,000원

※이 책에 실린 내용은 무단으로 복제하거나 전재할 수 없습니다.
※잘못된 책은 교환해 드립니다.